ARCÁNGELES
Y MAESTROS
ASCENDIDOS

Doreen Virtue

ARCÁNGELES Y MAESTROS ASCENDIDOS

Una guía para trabajar y sanar
con divinidades y deidades

Si este libro le ha interesado y desea que le mantengamos informado
de nuestras publicaciones, escríbanos indicándonos qué temas son
de su interés (Astrología, Autoayuda, Ciencias Ocultas, Artes Marciales,
Naturismo, Espiritualidad, Tradición) y gustosamente le complaceremos.

Puede consultar nuestro catálogo en: www.edicionesobelisco.com

Colección Nueva Consciencia
ARCÁNGELES Y MAESTROS ASCENDIDOS
Doreen Virtue

1.ª edición: abril de 2005
3.ª edición: julio de 2007

Título original: *Archangels & Ascended Masters*

Traducción: *Verónica d'Ornellas*
Maquetación: *Olga Llop*
Diseño de la cubierta: *Enrique Iborra*

© 2003 by Doreen Virtue
(Reservados todos los derechos)
Original en lengua inglesa publicado en el 2003 por Hay House Inc., California, USA
© 2005 by Ediciones Obelisco, S.L.
(Reservados todos los derechos para la presente edición)

Edita: Ediciones Obelisco, S.L.
Pere IV, 78 (Edif. Pedro IV) 3.ª planta 5.ª puerta
08005 Barcelona - España
Tel. (93) 309 85 25 – Fax (93) 309 85 23
E-mail: obelisco@edicionesobelisco.com

ISBN: 978-84-9777-182-5
Depósito Legal: B-36.294-2007

Printed in Spain

Impreso en España en los talleres gráficos de Romanyà/Valls, S.A.
Verdaguer, 1 – 08786 Capellades (Barcelona)

Ninguna parte de esta publicación, incluso el diseño de la cubierta, puede ser
reproducida, almacenada, transmitida o utilizada en manera alguna por
ningún medio, ya sea electrónico, químico, mecánico, óptico, de grabación

A Dios, a los arcángeles
y a los maestros ascendidos...
con eterna gratitud y aprecio
por su amor divino, sus lecciones
y su apoyo.

«Hay quienes han llegado a Dios directamente, sin conservar ni un rastro de las limitaciones mundanas y recordando perfectamente su propia Identidad. Podríamos llamarlos Maestros de maestros porque, aunque ya no son visibles, su imagen puede ser invocada. Y aparecerán cuando y donde sea útil hacerlo. A aquellas personas que podrían asustarse con estas apariciones, les transmiten sus ideas. Nadie puede llamarlos en vano. Y tampoco hay ninguna persona a la que no perciban. Ellos conocen todas las necesidades, y reconocen y pasan por alto todos nuestros errores. Llegará un momento en el que esto será comprendido. Y, mientras tanto, seguirán entregando todos sus dones a los maestros de Dios que se vuelven hacia ellos en busca de ayuda...»

—de *Un Curso de Milagros*, Manual para Maestros

Agradecimientos

Hay tantos seres maravillosos, en la Tierra y en el Cielo, que ayudaron a crear este libro. En primer lugar, quiero dar las gracias a Steven Farmer, mi llama gemela e increíble marido. Mi más profundo aprecio a Louise L. Hay, Reid Tracy, Jill Kramer, Christy Salinas, Leon Nacson y a todos los ángeles de Hay House. Muchas bendiciones para Bill Christy, por su ayuda en la investigación de dos de los seres más evasivos del mundo espiritual. Gracias a mi familia por ser tan cariñosos, por haberme apoyado tanto y ser tan abiertos de mente, incluidos Bill y Joan Hannan, Ada Montgomery, Charles Schenk, Grant Schenk, Nicole Farmer, Catherine Farmer, Susan Clark y Nancy Fine.

Gracias a Mary Kay y John Hayden, también a Mairead Conlon, y a Marie y Ted Doyle por habernos llevado a Steven y a mí a Irlanda y por proporcionarnos una hermosa casa en medio del valle mágico encantado de Marie. Gracias a Bronny Daniels, Lynnette Brown, Kevin Buck, Johnna Michelle y Carol Michaels por vuestro apoyo (y el Reiki) mientras escribía este libro. Muchas bendiciones a Sharon George por la bonita obra de arte que adorna la portada.

También quiero agradecer a quienes enviaron historias sobre sus interacciones con los maestros ascendidos. Y un inmenso ramo de gratitud para mis lectores, utilizan mi oráculo de cartas, escuchan mis programas de audio y asisten a mis seminarios. Es un honor trabajar con vosotros y siento vuestro apoyo.

Y en cuanto a mis amigos celestiales, no tengo palabras para expresar mi amor y aprecio por el cariño y la compañía constantes que me proporcionáis... y que nos dais a *todos*. Gracias por guiar mis palabras y mi investigación mientras escribía este libro.

¡No podría haberlo hecho sin todos vosotros!

Introducción
De la Antigüedad a la Nueva Era

Un maestro ascendido es un gran sanador, maestro o profeta que vivió anteriormente en la Tierra y que ahora se encuentra en el mundo del espíritu, ayudándonos desde el más allá. Los maestros ascendidos provienen de todas las culturas, religiones y civilizaciones, tanto antiguas como modernas, e incluyen a figuras legendarias como Jesús, Moisés y Buda; a santos; a diosas y dioses; y a *bodhisattvas*, devas y deidades.

He trabajado conscientemente durante años con varios arcángeles específicos (ángeles sumamente poderosos que nos ayudan y que supervisan a los ángeles de la guarda) y con maestros ascendidos como el arcángel Miguel, Jesús y María. Muchos de mis libros tratan sobre ellos y también he presentado información al respecto en mis talleres.

Durante las lecturas que realizo, suelo ayudar a las personas a comprender qué deidades las acompañan en calidad de espíritus guías. De hecho, fue durante mis lecturas cuando vi por primera vez a varias de las divinidades (otro término para «seres Divinos») que aparecen en este libro. En ocasiones pido a algunos miembros del público que asiste a mis talleres que se pongan de pie porque veo que tienen muchísimos maestros ascendidos a su alrededor. Siempre les hago las mismas preguntas y también recibo siempre las mismas respuestas:

P: «¿Sabías que hay varios maestros ascendidos que te acompañan?»
R: «Sí» (o «Eso esperaba»)
P: «¿Llamaste a estos seres para que estuvieran a tu lado?»
R: «Sí. Le pedí a Dios que me enviara a cualquiera que me pudiese ayudar»

Aunque había conocido y oído hablar de estos grandes seres, deseaba adquirir un conocimiento adicional sobre las antiguas divinidades orientales y sobre los maestros ascendidos de la Nueva Era. Quería conocerlos de primera mano, desarrollar una relación personal con cada uno de ellos y saber cuál era su historia y sus rasgos únicos... en lugar de aceptar relatos de segunda mano sobre sus personalidades, características y funciones.

De modo que, en efecto, he escrito este libro para que sirva como un «Quién es Quién en el Mundo Espiritual», ya que, al igual que muchas personas que conozco, yo estaba confusa respecto a las identidades, funciones y la fiabilidad de las divinidades sobre las que había oído hablar, y la información que había obtenido sobre algunas de ellas era contradictoria. Me habían dicho, por ejemplo, que algunas diosas eran amables, mientras que otras no lo eran tanto. Además, había recibido informes confusos sobre varios maestros ascendidos asociados a la Nueva Era y acerca de dioses y diosas de culturas antiguas y de religiones orientales. ¡Y luego estaban todos esos santos y arcángeles!

Elecciones personales

Nunca me he sentido cómoda contándole a la gente con quién «debería» hablar en el mundo del espíritu. Aunque trabajo estrechamente con Jesús, no me siento obligada a imponérselo a otras personas. Mi papel se asemeja al de ayudar a la gente a sintonizar con la emisora de radio que les resulta más agradable. En mis libros y talleres les enseño a abrir los canales de la comunicación divina para que puedan ver, oír, sentir y conocer más claramente a los mensajeros del Cielo.

Así pues, considero que este libro es más una *introducción* a distintos maestros ascendidos. Te recomiendo que crees tu propia experiencia con cada deidad para ver si, como resultado de ella, te sientes más feliz, más sano y más sereno. Es decir, actúa como un científico: prueba a trabajar con estos seres divinos y luego observa los resultados.

Invocar a los maestros ascendidos no es lo mismo que adorarlos; ¡nada más lejos de eso! Es algo parecido al espacio «Llama a un amigo» del programa *Who Wants to Be a Millionare* de la televisión norteamericana. Por si no lo conoces, en él los participantes pueden llamar a uno entre cinco amigos para que los ayuden a responder a una pregunta difícil. Por ejemplo, si se les pregunta sobre álgebra, pueden llamar a su profesor de matemáticas de la universidad (mientras, simultáneamente, rezan a Dios para que los ayude). En este programa, al igual que en la vida, puede haber *varias* personas disponibles para ayudarte. Tal como yo lo veo, cuantos más amigos puedan hacerlo, ¡mejor!

En otras palabras, puedes trabajar con Jesús como tu guía principal pero, al mismo tiempo, desarrollar una relación benévola con otros seres maravillosos. No tienes que alinearte con un grupo religioso en particular o tener un comportamiento impecable para atraer orientación y asistencia de los maestros ascendidos. Sólo tienes que llamarlos con un corazón sincero. Más adelante te explicaré cómo hacerlo.

En la antigüedad, muchas de las deidades mencionadas en este libro eran adoradas de la misma manera en que muchos adoran actualmente a nuestro Creador. Hoy en día no tenemos un *culto* a las deidades; simplemente las apreciamos. Sus títulos de *dios* y *diosa* van con *d* minúscula para demostrar que son aspectos de *el* Dios con *D* mayúscula. Ellos encarnan los diferentes rostros, aspectos, variables de personalidad y los rasgos únicos que Dios representa para nosotros. Y, fundamentalmente, dado que Dios es omnipresente, entonces Él está dentro de las deidades y también de nosotros. En otras palabras, todas las deidades y todos nosotros somos *uno* con Dios.

Para que no haya ningún malentendido, este no es un libro que promueva el *politeísmo* (la creencia en muchos dioses y el culto a ellos). Como dije antes, las deidades que aparecen aquí son aspectos o creaciones de *el* Dios, con *D* mayúscula. Lo que debe recalcarse es que no estoy animándote a entrar en el *culto* a las divinidades, sino a *apreciarlas* como un regalo de nuestro Creador para ayudarnos a amar más, a sanar de todas las maneras y a evolucionar en nuestro camino espiritual. Cuando aceptamos su ayuda, estamos diciendo *gracias* a Dios.

Las tres principales religiones del mundo son *monoteístas*, un término que se deriva de las palabras griegas *monos*, que quiere decir «solamente», y *theos*, que significa «Dios». El judaísmo, el cristianismo y el Islam son monoteístas porque sus seguidores creen que sólo hay un Dios. El cristianismo divide a Dios en tres aspectos: el Padre, el Hijo y el Espíritu Santo; no obstante, recalca que son aspectos de un único Creador. Del mismo modo, los ángeles, arcángeles y maestros ascendidos son uno con Dios y encajan dentro del sistema monoteísta.

El monoteísmo contrasta con:

- **El agnosticismo:** Falta de certeza respecto a Dios, a los dioses, la espiritualidad o la religión. La persona que lo practica duda de la existencia de Dios.

- **El ateísmo:** La negación de la existencia de Dios o de la espiritualidad.

- **El deísmo:** La creencia y la certeza en la religión natural, poniendo énfasis en la moralidad.

- **El henoteísmo:** El culto a un solo Dios, al tiempo que se reconoce la existencia de otros dioses (o, al menos, se está abierto a esa posibilidad).

- **El panteísmo:** La creencia de que todo es Dios y de que Dios está en todas las cosas y en todas las personas.

- **El politeísmo:** La creencia en muchos dioses, en lugar de un único Creador, y el culto a ellos.

Un cofre del tesoro de la historia

Mientras realizaba la investigación para este libro, consulté docenas de libros y enciclopedias sobre santos, dioses, diosas, divinidades y arcángeles, y a los expertos en este campo. También revisé páginas y páginas de información canalizada, utilizando mi pasado como psicoterapeuta psíquica para acceder a un material útil y genuino sobre los maestros ascendidos.

Parte de la información sobre la Nueva Era que encontré parecía auténtica, pero estaba tan llena de jerga esotérica que me pareció que resultaría insondable para quienes no estuvieran familiarizados con esa terminología. Por ejemplo, ¿quién, excepto un seguidor de la Nueva Era, sabría lo que es un «Chohan del Sexto Rayo»? Sí, ése es el típico material que encontré durante mi investigación de los maestros ascendidos de la Nueva Era.

Mi intención era crear un libro con explicaciones claras sobre el quién, el qué y el dónde de cada maestro ascendido. Además, deseaba que tuviese una forma sencilla para que las personas pudieran discernir a qué divinidad invocar para temas específicos. Por ejemplo, quería explicar a quién llamar para obtener una sanación, ayuda en temas de abundancia y para asuntos familiares y problemas en las relaciones.

Parecía bastante sencillo, pero la tarea me resultó desalentadora, pues hay cientos de deidades. La empresa se complicó por mi deseo de llevar a cabo, además, una investigación sobre los maestros ascendidos que fueron popularizados por Madame Blavatsky, cofundadora de la Sociedad Teosófica, y por sus sucesoras, Alice Bailey y Elizabeth Clare Prophet. Blavatsky empezó a canalizar a unos seres a los que llamaba «Hermanos y Mahatmas» a finales de la década de 1870 y principios de la de 1880. Ella consiguió que nombres como Kathumi, Serpis Bey, El Morya y Saint-Germain se hicieran famosos en los círculos de la Nueva Era.

Durante sus demostraciones sobre el escenario, Blavatsky «llamaba» a voces desencarnadas y figuras masculinas fantasmales que materializaban mensajes manuscritos. Los críticos de su época la atacaron diciendo que las cartas estaban escritas con la letra de Blavastky y de miembros de su personal, y que pagaba a personas para que aparecieran en escena haciéndose pasar por maestros ascendidos.

En 1915, Alice Bailey, hija de una rica familia aristocrática británica, conoció a Balvatsky y se introdujo a fondo en la Teosofía.

Alice empezó a recibir mensajes canalizados de Kathumi y de un Maestro tibetano llamado Djwhal Khul, y publicó 24 libros que surgieron de estos mensajes, los cuales están llenos de conceptos espirituales sumamente avanzados.

Desde los años cincuenta hasta la fecha, Elizabeth Clare Prophet y su marido Mark, ya fallecido, volvieron a popularizar el interés por estos seres y añadieron algunos más.

Tanto Blavatsky como Bailey y Elizabeth Clare Prophet utilizaban un lenguaje que sonaba exótico, como «La triple llama de la vida» y «Elohim del tercer rayo», que no está claramente definido. No obstante, mi experiencia en psicología, filosofía y canalización me enseñó a tener una mente abierta. Durante años había oído hablar de Kathumi, El Morya y el Maestro Hilarión y había escuchado las grabaciones de las conferencias de Elizabeth Clare Prophet. Incluso había tenido mis propias experiencias profundas con Serapis Bey y Saint-Germain, pero me preguntaba, *¿quiénes fueron estas figuras realmente?* Puesto que soy una investigadora consumada, no estaba satisfecha con apoyarme únicamente en las canalizaciones de otras personas. Deseaba saber más del pasado histórico de estos maestros y oír acerca de las experiencias que otros habían tenido con ellos.

Mientras investigaba sobre los «nuevos» maestros ascendidos, me topé con miles de referencias de distintas fuentes, muchas de las cuales citaban literalmente las palabras canalizadas por Blavatsky, Bailey y Elizabeth Clare Prophet. Es decir, que no había muchas más fuentes de información sobre los maestros. No obstante, me enteré de que, al parecer, varios de los actuales aspectos de la personalidad de los maestros ascendidos estaban basados en personas reales que estaban vivas, y que sus nombres eran seudónimos para proteger su verdadera identidad. Además, Blavatsky, Bailey y Prophet sostenían que, a menudo, en sus vidas anteriores, los maestros ascendidos habían sido personas famosas, como Pitágoras, Cristóbal Colón y san Francisco.

Continué investigando a estos nuevos maestros ascendidos, pero en algunos casos me topé con un muro. Al parecer, existe muy poca información conocida sobre la historia de algunos de los maestros ascendidos de la Nueva Era, excepto lo que Blavatsky, Bailey y Prophet han escrito sobre ellos.

No obstante, yo sabía, por experiencia, que la canalización es multidimensional y que incluso una persona que está canalizando a su propio ego puede recibir una información genuina y fundamentalmente útil. De modo que intenté contactar con estos seres por mi cuenta. Imaginé que, si respondían, podría haber un motivo para continuar investigando que quizá alguien más tenaz que yo estaría dispuesto a abordar.

De modo que me sorprendí gratamente cuando, al entrar en contacto con algunas de las deidades de la Nueva Era, fui recibida con experiencias profundamente amorosas y una información asombrosa. He incluido a los «nuevos» maestros ascendidos (o de la Nueva Era) principalmente como una herramienta de referencia para saber quién es quién en el mundo del espíritu. En los casos en que sus orígenes eran dudosos, lo he señalado en las páginas de este libro.

Sin embargo, los maestros ascendidos de la Nueva Era no eran tan distintos a las divinidades de la «Antigüedad». Muchas de las antiguas deidades estaban basadas en leyendas y tradiciones, y no en seres humanos vivos. Los griegos y los romanos, por ejemplo, nunca afirmaron que sus dioses y diosas fueran personas reales que habían pasado al más allá. Para ellos estas deidades surgían en el mundo del espíritu y permanecían en él.

Al entrar en contacto con las deidades de la Antigüedad y de la Nueva Era, me sorprendió lo completa y única que era la personalidad y energía de cada ser. Hablar con cada uno de ellos fue como tener conversaciones únicas con una amplia variedad de hombres y mujeres poderosos.

A menudo aplazaba la investigación sobre una deidad hasta después de haberla contactado por primera vez. Me asombraba ver cuánto se asemejaba mi experiencia personal con cada deidad a las descripciones de los textos sobre sus rasgos y características únicos. Por ejemplo, cuando entré en contacto con Artemisa, apareció ante mí una poderosa mujer con aspecto de hada. Más adelante, vi que en las pinturas se la representaba de una forma que encajaba a la perfección con la imagen que yo había contemplado.

Otra cosa que me sorprendió fue lo semejantes que eran entre sí las historias del nacimiento de las deidades masculinas. En repetidas ocasiones leí narraciones que hablaban de una figura patriarcal que ordenaba ejecutar a todos los bebés del sexo masculino en su reino porque se sentía amenazada por un potencial competidor. La madre del infante lo ocultaba y el niño crecía en unas circunstancias poderosas que estimulaban sus conocimientos espirituales y lo impulsaban a convertirse en un gran héroe. También leí muchos relatos en los que una deidad masculina nacía en el seno de una familia rica, o de la realeza, y luego negaba su herencia para convertirse en un maestro y líder espiritual. Empecé a darme cuenta de que eran leyendas arquetípicas que podían estar basadas en hechos históricos, o no estarlo.

Quizá estas historias (e incluso las propias deidades) ofrezcan una manera de enseñar a la gente algún aspecto de Dios como, por ejemplo, que el potencial de Su capacidad sanadora esté contenida dentro de la personalidad de un dios sanador. O es posible que cuando concentramos nuestras oraciones y pensamientos en un concepto durante mucho tiempo (por ejemplo, en una diosa o un dios) las formas de pensamiento colectivo se cristalicen convirtiéndose en un organismo espiritual vivo que se comporta tal como nosotros esperamos que lo haga. Todo nuestro poder de pensamiento humano está encapsulado en dicha deidad y regresa a nosotros como el capital y los intereses de nuestra cuenta bancaria espiritual. También es posible que los seres humanos entremos en contacto con divinidades que ya existen. O que nuestras creencias y leyendas colectivas «creen» a estos seres, los cuales llegan a tener una fuerza vital propia real.

Rodeados de amor

Mi tarea con este libro estaba clara: debía seleccionar a unos cuantos maestros ascendidos, llegar a conocerlos personalmente, realizar una investigación sobre cada uno de ellos, canalizar sus mensajes y luego escribir mis experiencias y recomendaciones. Estás sosteniendo el resultado con tus manos. Pido disculpas si he dejado fuera a tu maestro ascendido favorito. Necesitaba que la lista fuese un tanto concisa para no abrumarte, lector, con una multitud de deidades. Mi intención era crear, con la oración y el trabajo duro, un libro que cubriese una amplia gama de divinidades que tuviera algo que ofrecer a todas las personas.

Mientras reunía información y escribía este libro, tuve la increíble oportunidad de «frecuentar» a estas divinidades asombrosamente maravillosas, amorosas y poderosas. A menudo, me quedaba trabajando hasta tarde, hasta bien entrada la noche, después de haber impartido un taller durante el día entero. De modo que mis últimos pensamientos antes de apoyar la cabeza sobre la almohada eran acerca de la diosa o el *bodhisatta* sobre el que había estado escribiendo. Durante la noche sentía que estaba rodeada de una energía amorosa, pues con frecuencia era contactada por las divinidades. Despertaba sintiéndome renovada, ¡completamente llena de amor Divino!

La mayoría de canalizaciones registradas en este libro tuvieron lugar al aire libre, en unos escenarios naturales fantásticos. Mientras canalizaba estos mensajes, tuve la suerte de pasar ratos recostada contra las piedras mágicas de Stonehenge y Avesbury en Inglaterra; contemplando el místico Mar de Irlanda; ascendiendo por la escarpada costa volcánica en Kona, en Hawai; caminando a través de las verdes montañas de Nueva Zelanda, y andando entre los elevados cantos rodados de Joshua Tree, en California.

Durante estas canalizaciones tuvo lugar una experiencia increíble. Había descubierto que cada maestro ascendido me transmitía mensajes absolutamente únicos y que cada uno de ellos tenía una personalidad y un estilo definidamente propios, pero me sorprendió que dos de ellos, Maitreya y Hotei, me dijeran prácticamente lo mismo, palabra a palabra: ambos hablaron de la importancia de la alegría y la risa. Habían transcurrido varios días entre una canalización y otra, pero parecía como si un mensaje fuera la continuación del otro, de modo que les pedí que me explicaran lo que estaba ocurriendo.Unas horas más tarde, me encontré en una tienda que vendía material budista. El primer libro que elegí se abrió casi automáticamente en una página acerca de Hotei. Imagina mi asombro cuando vi que el texto explicaba que Maitreya y Hotei ¡eran el mismo ser! Continué con mi investigación y descubrí que esto era correcto. ¡Era de esperar que me dijeran lo mismo!

❧ ❧ ❧ ❧

Al escribir este libro he descubierto a algunos maestros ascendidos con los que no sabía que ya estaba trabajando y he desarrollado conscientemente relaciones estrechas con algunas deidades que son nuevas para mí. A medida que vayas leyendo, verás que éstas han sido alegres y milagrosas. Mi deseo es que experimentes a estos seres como los amigos cariñosos que son y que disfrutes de la poderosa ayuda que nos ofrecen.

En estas páginas también describo a los maestros ascendidos que considero sumamente confiables. Ellos trabajan estrechamente con el Creador, con nuestros ángeles guardianes y con todos los trabajadores de luz que hay en la Tierra para hacernos avanzar en dirección a la paz. Regalan su tiempo en el más allá por esta causa, cuando podrían estar relajándose en el mundo del espíritu.

Las divinidades también pueden asistirnos con situaciones que podrían presentarse en el futuro producidas por cambios en la Tierra y en la sociedad. Pueden ayudarnos a prevenir «desastres naturales», a evitar o detener guerras, a asegurarnos el abastecimiento adecuado de alimentos y agua, y a sanar nuestros cuerpos. No importa lo que ocurra, los arcángeles y los maestros ascendidos siempre estarán con nosotros. ¡Nadie nos los puede arrebatar! Y esa es una razón adicional por la que es importante que los trabajadores de luz se familiaricen con las distintas divinidades y sean conscientes de los dones especiales que ellas nos ofrecen. En el futuro, estas divinidades demostrarán ser unos aliados muy valiosos (como ya lo son en la actualidad).

Los maestros más nuevos

Existen seres muy poderosos que han abandonado recientemente sus cuerpos físicos y están ayudando al planeta Tierra desde su hogar en el mundo del espíritu. Algunos de ellos son muy conocidos, mientras que otros son personalidades desconocidas cuyos nombres no reconocerías. Durante mis lecturas he entrado en contacto con muchos de estos «Nuevos Maestros», incluidos el Dr. Martin Luther King Jr., Walt Disney, John Denver y la madre Teresa. Sin embargo, no los he incluido en este libro porque se encuentran más en la línea de los «espíritus guía famosos» que en la de los veteranos maestros ascendidos. Definitivamente, podemos invocar a estos grandes seres para solicitar su ayuda, y también nos ofrecerán asistencia sin que seamos conscientes de ello. Es probable que dentro de varias décadas estos seres entren en las frecuencias superiores de sus compañeros ascendidos.

Cuando me encontraba sentada cerca de las piedras de Stonehenge grabando mensajes de las deidades celtas, por ejemplo, la fallecida princesa Diana me empezó a hablar. Yo no la había invocado, ni llamado; ella vino a mí por su propia iniciativa. Inmediatamente, mencionó que sabía que no se la consideraba la mejor de las madres, pero me dijo que sus hijos siempre habían sido lo más importante para ella.

A continuación, dijo claramente: «*Ahora, los niños del mundo están en primer lugar en mi mente. Se encuentran en una encrucijada y tienen una gran necesidad de dirección. Me preocupa su bienestar, al igual que a ti y a muchas otras personas. Existe un cisma con las masas inferiores mientras intentan encontrar su camino. La corriente subterránea de insatisfacción que hay entre ellos está estallando en una ira violenta.*

»*Del mismo modo que mi muerte fue considerada bastante violenta, también veo en el horizonte muchos estallidos de violencia producidos por la juventud que conmocionarán a todo el mundo... a menos que se intervenga.*

»*Una campaña de base popular liderada por las madres es la única solución que nos sacará de esta cuneta que se ha creado: una cuneta cubierta de niños, padres y educadores, que se está haciendo cada vez más profunda, minuto a minuto. No hay tiempo que perder.*

»Muchos de los que estamos aquí hemos formado un comité para supervisar a los voluntarios adultos que quieren hacer algo al respecto. Si estás impaciente por saber lo que se espera de ti en esta campaña, pídeme que te dé una asignación.»

Resulta interesante que las personas que conozco en Norteamérica vean a la princesa Diana como una asistente espiritual benévola, mientras que esta idea no es tan aceptada en Gran Bretaña donde se la solía vilipendiar cuando aún vivía. Le pese a quien le pese, su mensaje me pareció bastante apremiante, y esa es la razón por la que lo he incluido aquí.

Pide desde el amor

Las divinidades descritas en este libro son bastante reales. Si para ti trabajar con espíritus guías es algo nuevo, o si eres escéptico respecto a su existencia, pronto descubrirás que el simple hecho de *leer* este libro es una invocación para que las grandes divinidades acudan a tu lado. Todas ellas acudirán rápidamente junto a quienquiera que las llame, sin excepción.

Mientras escribía este libro tuve muchas experiencias poderosas con las divinidades. Por ejemplo, después de haber terminado la mayor parte, todavía me quedaba por registrar invocaciones para aproximadamente la mitad de las deidades, de modo que trabajé sin parar durante un período de dos días seguidos. Acabé de escribirlas la mañana antes de volar desde el aeropuerto O'Hare de Chicago hasta el Sky Harbor de Phoenix; dos sitios sumamente grandes y atestados de gente.

Durante ese día, mi marido y yo no dejamos de maravillarnos ante lo bien que estaba yendo todo. Por ejemplo, el personal del aeropuerto fue excepcionalmente amable, me dieron una de las mejores comidas vegetarianas que he probado en un avión, nos asignaron una espléndida habitación de hotel en Phoenix y a lo largo del día todas las puertas se nos fueron abriendo. Steven y yo notamos que los dos nos sentíamos maravillosamente bien, tanto física como emocionalmente.

«Qué gran día –decíamos continuamente–. ¡Todo está yendo tan bien!» Entonces nos dimos cuenta de cuál era la razón: Yo había invocado a tantas deidades antes del vuelo, ¡que estábamos siendo ayudados y guiados por lo mejor del Cielo!

ᏝᏝᏝᏝ

Déjame darte un consejo: asegúrate de pedir a las deidades únicamente que te ayuden con tareas asociadas al amor Divino. Si solicitas que realicen una petición que implique venganza o acrimonia, la energía negativa regresará a ti aumentada. Si estás en una situación en la cual estás enfadado con alguien, es mejor pedir a las divinidades que creen una solución pacífica en lugar de hacérselo pagar a esa persona. Después de todo, tu verdadero objetivo es siempre la paz, y los maestros ascendidos estarán encantados de manifestarla para ti. De hecho, ellos ayudan a cualquiera que lo solicite (independientemente de las ideas espirituales, religiosas o el estilo de vida de la persona) porque están aquí para llevar a cabo el plan de Dios de paz mundial, persona a persona. Por favor, no te preocupes pensando que al pedir favores tan pequeños estás haciendo perder el tiempo a las deidades. Si te proporcionan paz, entonces ayudarte será un honor sagrado para estos seres.

Además, los maestros ascendidos no están limitados a ayudar solamente a una persona a la vez. Son capaces de asistir a un número infinito de individuos simultáneamente, al tiempo que tienen una experiencia personal única con cada una de ellas.

El contenido y la estructura de este libro

Éste no es un libro que incluya toda la información sobre las deidades, en absoluto. Antes bien, como dije anteriormente, he limitado mi selección de maestros ascendidos a aquellos con los que he tenido experiencias positivas. También he ido reduciendo el material histórico sobre estos seres. Este libro no cubre, por ejemplo, toda la historia mitológica del dios solar Apolo. Más bien, ofrece suficiente información para que puedas comprender la manera en que él y otras deidades pueden llegar a formar parte de tu equipo espiritual. Si deseas más información sobre un determinado maestro ascendido, puedes consultar algunas de las exhaustivas enciclopedias que hay sobre el tema (varias de ellas aparecen en la bibliografía).

En la PRIMERA PARTE encontrarás el nombre más utilizado de la divinidad, otros nombres alternativos y su país, religión o afiliación de origen. Luego, leerás una breve historia y los antecedentes de dicho ser, seguida de un relato actual o una canalización (he puesto las palabras de las deidades en *cursiva* para destacarlas del resto del texto). Abajo habrá una lista titulada «Ayuda a», que señalará las áreas específicas de la vida en las que la divinidad ofrece asistencia.

A continuación, presento una invocación que te ayudará a contactar con dicha deidad en particular. Las invocaciones que se ofrecen en este libro son sugerencias, no reglas rígidas. De hecho, me gusta considerarlas «invitaciones» más que «invocaciones». Si trabajar con ellas es algo nuevo para ti, entonces este libro te proporcionará un excelente punto de partida. Sin embargo, del mismo modo que cuando cocinas añades tus propias variaciones a las recetas, te animo a usar tus propias palabras para invocar a las deidades. Después de todo, lo importante no son las palabras concretas que utilices para comunicarte con los maestros ascendidos, sino el hecho de que los llames y que hayas abierto tu corazón en un esfuerzo por recibir ayuda espiritual.

La SEGUNDA PARTE presenta oraciones que puedes usar cuando trabajes con múltiples divinidades, aplicables a problemas o situaciones específicos. Como ocurre con las invocaciones de la primera parte, estas plegarias son meras sugerencias y no directrices rígidas. Utiliza como guía las palabras que te lleguen al corazón y a la mente. Entonces, no podrás equivocarte cuando invoques a las divinidades. Ellas son amorosas y lo perdonan todo absolutamente, de modo que no te preocupes, ¡porque la elocuencia no es necesaria para obtener su ayuda!

En la TERCERA PARTE, encontrarás todo tipo de metas y de temas de la vida, como «aumentar la fe» o «encontrar a tu alma gemela». Debajo de cada encabezado están todos los maestros ascendidos y arcángeles que se especializan es cada área en particular. Siempre he querido utilizar una lista así en mi propia vida y ésa es una de las razones por las que me sentí impulsada a escribir este libro. Descubrirás que es una guía útil para tener cerca para saber a quién consultar en tiempos de necesidad.

La CUARTA PARTE enumera varios materiales de referencia que encontrarás útiles, como un glosario de términos y una bibliografía para obtener más información.

Este libro también puede funcionar como oráculo. Simplemente, formula cualquier pregunta y deja que se abra el libro. Cualquier página que aparezca podrá proporcionarte la respuesta que buscas.

Espero que esta obra te sirva como introducción a unos seres divinos que se convertirán en tus compañeros cercanos y amorosos.
¡Que éste sea el comienzo de muchas relaciones hermosas con los arcángeles y los maestros ascendidos!

PRIMERA PARTE

Los arcángeles y los maestros ascendidos

Abundantia

(Romano; teutónico)

También conocida como *Abundia, Habone, Fulla.*

Abundantia, la hermosa diosa del éxito, la prosperidad, la abundancia y la buena fortuna, también está considerada una protectora de los ahorros, las inversiones y la riqueza. Muchos siglos atrás, su imagen adornaba las monedas romanas.

En la mitología romana, Abundantia traía dinero y cereales a las personas mientras éstas dormían, dejando caer sus regalos al agitar la cornucopia que siempre llevaba consigo.

En la mitología escandinava se la llamaba Fulla, la primera y favorita asistenta de Frigg (diosa escandinava de la atmósfera y las nubes). Ella cargaba con los objetos de valor de Frigg y también actuaba como su intermediaria, realizando favores para los mortales que invocaban a la diosa en busca de ayuda.

Cada vez que veo a Abundantia, las monedas de oro caen mágicamente de ningún recipiente en concreto. Las monedas parecen salir de ella, e incluso seguirla, acompañadas de un sonido metálico y musical similar al que producen las bailarinas del vientre al hacer tintinear sus trajes adornados con monedas.

Su imagen es de una gran belleza y una pureza angelical, es muy paciente y rebosa amor. «*Yo soy un camino regado que conduce a la poderosa Fuente de todas las cosas –dice–. Es un gran placer para mí recompensar vuestros esfuerzos. Para mí, el sonido de la gratitud y la alegría cuando alguien es rescatado por mi intervención es el éxtasis. Estoy aquí para servir, para ayudarte a planificar una dicha económica ininterrumpida y para mostrarte tesoros que aún no conoces.*»

Abundantia es como una elegante anfitriona que te pregunta constantemente si necesitas algo y luego satisface amorosamente cada uno de tus deseos. *«También entro fácilmente en tus sueños», –dice– para responder a cualquier pregunta que puedas tener sobre altas finanzas, inversiones y cosas por el estilo. No olvides jamás que las finanzas pueden alimentar proyectos de sanación y darte libertad en lo que al tiempo se refiere. Pero el dinero también puede ser una trampa si te dejas gobernar por la preocupación y la inquietud. Ahí es donde entro yo: para serenar esos pensamientos inferiores y llevarte al elevado camino de la prosperidad.»*

Ayuda a:

- Atraer todo tipo de abundancia
- Las inversiones financieras, con orientación y protección
- La buena fortuna
- Proteger las posesiones valiosas

INVOCACIÓN

Como muestra de tu fe en la voluntad de los Cielos de ayudarte, sostén una o más monedas en la mano que no utilizas para escribir (que es tu mano receptora) y di:

«Hermosa Abundantia, deseo ser como tú: despreocupada y llena de fe en que mis necesidades ya han sido cubiertas de todas las maneras. Ayúdame a reemplazar cualquier preocupación sobre el dinero con alegría y gratitud. Ayúdame a abrir los brazos para que el Cielo pueda ayudarme fácilmente. Gracias por tu guía, por todos tus dones y tu protección. Estoy verdaderamente agradecido/a y sumamente feliz y satisfecho/a. Ahora me suelto y me relajo en el conocimiento de que cuidarás de mí completamente, de inmediato y en el futuro.»

Aengus
(Irlanda)

También conocido como *Angus, Oenghus, Angus McOg, Angus del Brugh*.

Aengus es un dios celta del amor entre almas gemelas. Su nombre significa «hijo joven». Aengus toca un arpa mágica dorada que hipnotiza a todo aquel que oye sus dulces melodías. Al igual que Cupido, él une a las almas gemelas. Siempre que el amor se ve amenazado por discusiones o interferencias externas, con la música de su arpa dorada Aengus teje una red alrededor de los amantes y los vuelve a unir. Se dice que cuando él envía un beso volado éste se convierte en una hermosa ave que lleva mensajes románticos a los amantes que solicitan su ayuda. Aengus vive entre las hadas en un *brugh* (valle encantado) y es medio hermano de la diosa Brígida.

La ayuda de Aengus en las relaciones amorosas es legendaria, y se inició con la presentación de su propia alma gemela, Caer. Aengus la vio por primera vez en un sueño e, inmediatamente, su corazón se inflamó con el amor más profundo. Cuando despertó, salió en busca de su amada, aunque todavía no sabía quién era o dónde se hallaba. Pero el decidido Aengus finalmente encontró a Caer amarrada a unos hermosos cisnes con unas cadenas de plata. Para poder rescatarla, adoptó la forma de un cisne y se unieron para siempre en el amor.

Las dos almas gemelas cantaron y tocaron música romántica por todas partes para las parejas, y acompañaron a dos jóvenes amantes llamados Diarmuid y Grainne para que pudieran escapar del mal. Cuando los jóvenes estuvieron a salvo y cómodamente instalados, Aengus se enfrentó a su acosador hasta finalmente que éste aceptó dejar de perseguirlos.

Fue muy apropiado que mi primer encuentro con Aengus tuviera lugar cuando lo invoqué sentada en un banco con vistas al Mar de Irlanda, al sur de Dublín. Ante mí apareció un hombre muy apuesto, principesco, con aspecto aristocrático, que aparentaba estar al final de la veintena o a principios de la treintena. «*Permite que tu sirviente sea tu maestro*», me dijo con un cálido acento. ¿Qué significaba este *koan*? Lo había utilizado en el contexto del amor romántico, como la clave para establecer y mantener una gran relación. Parecía implicar que se trataba, específicamente, de un secreto para las relaciones amorosas con los hombres. Pero yo seguía sin saber lo que había querido decir. De modo que me recosté en mi asiento y medité sobre la frase.

Entonces, Aengus añadió: «*Nunca te conviertas en esclava o cautiva de ninguna persona, sustancia o situación. Sé una servidora voluntaria. Da libremente desde un buen corazón. De esta manera te asegurarás de estar libre de caer en la trampa del resentimiento, el cual se acumula como la placa alrededor del corazón afectuoso y elimina el éxtasis. Entrega generosamente tu amor al amado, sin mirar las recompensas o las consecuencias, sino estando simplemente motivada por el puro placer de dar... que es su propia recompensa.*»

Ayuda a:

- La música, el uso romántico de ésta
- La pasión y el romance, despertándolos
  y manteniéndolos vivos
- Las relaciones de almas gemelas: a encontrarlas,
  crearlas y protegerlas

INVOCACIÓN

Ponte, o sostén en tus manos, algo rojo o rosa para simbolizar el romance, luego pon música suave (preferentemente con arpas) e invoca a Aengus:

«Noble Aengus, te pido ayuda en mi vida amorosa (describe tus deseos específicos). Solicito tu intervención para que traigas armonía, pasión y romance a mi corazón y a mi vida. Tengo mucho amor que compartir, y necesito tu ayuda. Si estoy bloqueando de algún modo la llegada de un gran amor, por favor, ayúdame a liberarme de ese bloqueo ahora. Gracias Aengus.»

Aeracura
(Irlanda)

Aeracura es una Madre Tierra celta y una deidad terrestre que suele llevar una canasta de frutas o el cuerno de la abundancia.

Cuando la invoqué, estando sentada junto al Mar de Irlanda, mi corazón se sintió inmediatamente inspirado por un tipo de amor de lo más alegre y juguetón. Vi a un hada hermosa con piel de porcelana y un vaporoso cabello castaño claro vistiendo un traje color crema resplandeciente que rozaba su cuerpo. Había amor en sus ojos, pero con el destello de alguien que disfruta riendo y haciendo alguna travesura inofensiva de la manera más inocente. Ella me hizo saber que el espíritu juguetón y despreocupado está en el corazón de una manifestación abundante. Puso énfasis en esto, y yo lo sentí en mi cuerpo y en el chakra del corazón: la clave para una manifestación rápida y eficaz es disfrutar del proceso.

Me dijo: «*Siempre traeré una canasta llena de cosas buenas para aquellos que estén receptivos, atentos y dispuestos a recibir. Piensa en mis regalos abundantes como niños que comparten sus juguetes. ¡Es más divertido jugar cuando lo haces con tus amigos! Invócame cuando necesites dinero para una emergencia y yo acudiré corriendo en tu ayuda. Me gusta especialmente ayudar a los artistas y a los inconformistas. No tengas vergüenza de expresar lo que deseas cuando te acerques a mí. Fíjate que mi nombre contiene un derivado de la palabra* cura. *¡Juguemos! ¡Te quiero!*»

Ayuda a:

- Artistas e inventores, apoyándolos
- Conseguir dinero para emergencias
- Las manifestaciones

Invocación

Para invocar a Aeracura, sal al exterior. Quítate los zapatos y los calcetines y conecta con la Madre Tierra con los pies descalzos. Dile:

«Queridísima Aeracura, por favor, ven a mí ahora. Te ruego que llenes mi corazón con tu gran amor divino. Por favor, despeja mi corazón y mi mente de inquietudes y preocupaciones. Te pido que me traigas tu canasta llena de abundantes regalos y me ayudes a recibirlos con amor y gratitud. Ayúdame a acceder a mi creatividad y liberar a mi artista interior, para poder expresar amor de una forma que beneficie a todo el mundo. Por favor, ayúdame a aceptar el apoyo para mis proyectos artísticos y creativos.»

Aine
(Irlanda)

También conocida como *Aine de Knockaine*, porque dicen que su espíritu vive en un castillo en Knockainy, Irlanda.

Aine es una diosa luna irlandesa del amor, la fertilidad, la protección y los temas medioambientales. Su nombre significa «brillante». Está alineada con las hadas y se la suele considerar una Reina de las Hadas (el equivalente a un arcángel en el reino elemental). Existen muchas historias contradictorias sobre los inicios de Aine y sobre su herencia como diosa.

En la víspera del Solsticio de Verano se rendía culto a Aine con rituales en los que las personas sostenían antorchas sobre los campos cultivados para pedirle que ayudara a aumentar la productividad. Además, esta diosa protege a las mujeres, especialmente a aquellas que respetan la inviolabilidad del planeta y veneran a la Madre Tierra y su situación. Es una férrea ecologista y está intensamente implicada en la lucha por los derechos de los animales. Es capaz de eliminar maldiciones y energías negativas.

Aine tiene un aspecto semejante al de las pinturas que Erté realizaba para las portadas de la revista *Harper's Bazaar*. Es una pequeña diosa con la típica apariencia *art-deco*, con su largo vestido plateado y su corte de pelo al estilo paje.

Cuando hablé con ella, estaba suspendida junto a una luna creciente, rodeada de instrumentos musicales, como arpas y pianos. Utilizando una energía de tonos ligeros y musicales, ella vigila y asiste a la Tierra y a otros planetas en este y otros sistemas solares.

La función principal de Aine no es ayudarnos con nuestras pre-ocupaciones individuales, pero dice que siempre que deseemos recuperar fuerzas y reunir el valor para decir lo que pensamos podemos envolvernos con su capa de luz plateada, especialmente cuando ejercemos roles de liderazgo para ayudar al medio ambiente (incluyendo todo lo relacionado con la calidad del aire y el agua, con las plantas y los animales). Ella puede ayudarte a ser más juguetón y apasionado en las relaciones amorosas y en tu vida entera. Es análoga a un arcángel para los reinos de las hadas y los devas: es su diosa. Aine está especialmente receptiva durante la luna llena y los eclipses lunares.

«*Yo irradio pura energía divina de amor* –dice–, «*como el rayo de un satélite situado en la luna para desviar cualquier intención, hecho, palabra, pensamiento o acción venenosos.*»

Ayuda a:

- Los derechos de los animales y a su curación
- Los asuntos medioambientales
- Aumentar la fe y la pasión
- La fertilidad y la concepción
- La sanación de animales, personas y relaciones
- Las meditaciones y las ceremonias de la Luna llena
- Tener una actitud lúdica y disfrutar de la vida
- Obtener protección, especialmente para las mujeres

INVOCACIÓN

Durante una noche de luna llena, sal al exterior y colócate junto a unas plantas o en un sitio donde haya agua y di en voz alta, o mentalmente:

«Querida Aine, te invoco ahora. Por favor, ayúdame a hacerme más fuerte, más poderoso/a y a tener más fe. Por favor, enciende las pasiones de mi alma y ayúdame a relajarme lo suficiente para divertirme y tener una actitud lúdica mientras cumplo con mi misión y con mis responsabilidades. Por favor, guíame mostrándome cuál es la mejor manera de ayudar al medio ambiente y rodéame de personas cariñosas.»

Afrodita
(Grecia)

También conocida como *Cytherea, Cypris, Afrodita Pandemos, Afrodita Urania, Venus.*

Afrodita es la diosa del amor, la belleza y la pasión, y está asociada al planeta Venus.

Su nombre significa «nacida del agua» o «nacida de la espuma», porque se dice que fue concebida cuando su padre, Urano, dios del cielo, fecundó al océano. Sus múltiples aventuras amorosas con dioses como Adonis y Ares son legendarias, y ésa es otra de las razones por las cuales Afrodita está tan asociada a la sexualidad apasionada.

Es conocida como Afrotida Urantia (que representa el amor entre almas gemelas, con entrega y espiritualidad) y como Afrodita Pandemos (que representa el deseo sexual puramente físico). Uno de sus muchos hijos es Eros, dios del amor romántico que, al igual que Cupido, envía flechas de amor a quienes están en su lista de personas a las que quiere unir.

Una noche hablé con Afrodita en Kona, Hawai, cuando el planeta Venus se encontraba muy alto en el cielo. Antes de que pudiera verla, la sentí. Entonces vi el rostro de una mujer dentro de un corazón en una tarjeta de San Valentín. La cara me habló:

«*Estoy aquí para ayudar a fortalecer las relaciones largas, construidas sobre una doble base de pasión y comprensión.*

»*Una cosa sin la otra es inútil. Una sirve para entretejer las vidas y los cuerpos; la otra para las conversaciones y las discusiones. Pero existe una gran superposición, pues un amante que comprende tus necesidades y tus deseos es, ciertamente, un gran amante. Si tu pareja siente pasión por ti en su corazón estará motivado (o motivada) para sanar el daño o las heridas ocasionales y se sentirá cautivado (o cautivada) el tiempo suficiente para llegar a comprenderte.*

»La naturaleza de una relación que siempre crece, que está siempre viva, es desear siempre más pasión y más conocimiento dentro del contexto del compromiso.»

Ayuda a:

- La entrega, el compromiso y el matrimonio
- La feminidad, la elegancia, la belleza, la atracción y el atractivo
- La sexualidad, incluyendo el deseo creciente y la pasión romántica

INVOCACIÓN

Entra en un estado de ánimo receptivo escuchando música romántica, viendo una película romántica, vistiendo de una forma seductora o sosteniendo una rosa. Luego, concéntrate en tu corazón y di en voz alta, o mentalmente:

«Afrodita, estoy abierto a ser amado profunda y completamente en una relación romántica. Por favor, ayúdame a liberarme de los bloqueos que puedan quedar y que retrasarían esta manifestación. Te pido que me ayudes a irradiar mi luz interior y a atraer un gran amor ahora. Por favor, ayúdame a disfrutar plenamente de ese amor y a saber que lo merezco.»

Apolo
(Grecia)

Apolo es un dios solar que se encarga de las profecías, la luz, la música y la sanación. Es uno de los 12 dioses y diosas originales del Olimpo, hijo de Zeus y hermano mellizo de la diosa Artemisa. Ha tenido muchas amantes y docenas de hijos. Las leyendas sobre la familia original de Apolo y sobre su vida abundan. Uno de sus hijos más famosos es Asclepius, el legendario dios de la sanación y la medicina, cuyo nombre llevan muchos hospitales.

Apolo siempre ha ofrecido su ayuda de buena gana a los seres humanos que la necesitan y continúa interviniendo ahí donde se le necesita. Pasó mucho tiempo en la antigua Delfos, ayudando a los oráculos y los profetas con sus predicciones y actualmente ayuda a videntes y mediums espirituales a elevar sus dones a las frecuencias espirituales más altas. En círculos de la Nueva Era, Apolo es conocido como un *Elohim* (que en hebreo significa «divinidades») que ofrece sabiduría divina y comprensión espiritual a la Tierra y a sus habitantes.

Apolo sana las heridas físicas y emocionales, despierta dones psíquicos y ayuda a sustituir la falta de perdón con compasión y comprensión. Es sumamente apuesto, con una forma musculosa delgada y dorada que irradia belleza juvenil. Apolo nos motiva para que cuidemos de nuestros cuerpos y hagamos del ejercicio físico una parte fundamental de nuestro estilo de vida.

Dice: «*Yo soy el dios solar. Invócame para obtener cualquier tipo de luz: divina, mecánica, radiante, sanadora, o si deseas un día soleado. Ahora existo en todas las dimensiones, de modo que estoy disponible para responder a todo tipo de preocupaciones. Yo infundo luz a tu planeta, incluso en los días más tristes.*»

Ayuda a:

- Aumentar la motivación para hacer ejercicio y tener una alimentación sana
- Los finales felices en las situaciones tensas
- Los problemas mecánicos, a arreglar cosas
- Abrir y pulir las habilidades psíquicas, de clarividencia y proféticas
- El clima: eliminando las nubes a favor del sol, tanto en sentido literal como metafórico

Invocación

Viste, o sostén en tus manos, algo dorado o amarillo (como la luz del sol, asociada a Apolo) y pon música alegre. Apolo puede ser contactado en cualquier momento, siempre que uno necesite asistencia; no obstante, la mejor conexión se puede conseguir al mediodía, cuando el sol se encuentra en su punto más alto. Dile lo siguiente:

«Apolo, el más resplandeciente entre los resplandecientes, por favor, ven a mí ahora. Por favor, vierte tu luz sobre mí para que pueda ver con claridad. Ayúdame a conseguir una comprensión más profunda de mi situación, para que todos los implicados y yo podamos ser sanados. Ayúdame a sentir compasión por mí y por los demás, y a desprenderme ahora mismo de cualquier enfado o incapacidad para perdonar. Por favor, ayúdame a perder toda la pesadez que hay en mi cuerpo, mi mente y mi corazón, para que pueda elevarme tan alto como tú.»

Arcángel Ariel
(Cabalístico)

También conocido como *Arael, Ariael.*

El nombre de Ariel significa «león o leona de Dios» y, como era de suponer, este arcángel suele estar asociado a los leones. Cuando Ariel esté cerca, es posible que empieces a ver a tu alrededor referencias a leones o a tener visiones de estos animales. De hecho, algunas obras de arte lo representan con cabeza de león. Este arcángel también está asociado al viento, de modo que cuando Ariel esté cerca, posiblemente sentirás u oirás el viento como señal.

En libros de misticismo judaico y de magia cabalística como *El Testamento de Salomón*, *La Llave Mayor de Salomón*, *Erza* y *La Jerarquía de los Ángeles Benditos* existen descripciones del arcángel Ariel. Él trabaja estrechamente con el rey Salomón dirigiendo la manifestación, la liberación del espíritu (similar al exorcismo) y la magia divina.

Ariel también supervisa a los trasgos o ángeles de la naturaleza asociados al agua. Éstos son similares a las hadas y su propósito es mantener un ambiente saludable cerca de los océanos, los lagos, los ríos, los arroyos y los estanques. El arcángel Ariel puede contactarte para que participes en esta misión de purificación y protección de los cuerpos de agua y sus habitantes. Si le ayudas en su misión medioambiental, puedes ser recompensado con maravillosas manifestaciones y un incremento de tu poder mágico.

Ariel está muy implicado en la sanación y la protección de la naturaleza, y esto incluye, definitivamente, a animales, peces y aves, especialmente los que son salvajes. Si encuentras un pájaro herido, u otro animal que no sea doméstico que necesite una curación, invoca a Ariel para que te ayude. Él trabaja con el arcángel Rafael para sanar a los animales.

El arcángel Ariel dice: «*Me preocupan muchísimo los sistemas medioambientales del mundo, los cuales están siempre en un delicado equilibrio y ahora necesitan una reforma y una restauración. Tengo montones de tareas a disposición de quienes deseen asistirme en esta empresa. Prometo que os daré únicamente asignaciones que estén relacionadas con vuestros intereses y horarios. La recompensa será la alegría que saldrá de vuestros corazones, extendiéndose en el mismo medio ambiente que estaréis bendiciendo con vuestros dedicados esfuerzos. ¡Muchas gracias por acudir al rescate del planeta!*»

Ayuda a:

- La magia divina
- La ecología, especialmente la de los cuerpos de agua
- La manifestación
- La sanación y la protección de animales salvajes, peces y aves

INVOCACIÓN

Puedes invocar al arcángel Ariel en cualquier momento, en cualquier lugar. Sin embargo, es más probable que sientas, oigas, veas y conozcas su presencia si realizas esta invocación al aire libre, en la naturaleza (especialmente cerca de un cuerpo de agua):

«Arcángel Ariel, invoco tu presencia ahora. Deseo ayudar a sanar el medio ambiente del mundo y solicito que me des una asignación divina para esta importante misión. Te pido que me abras el camino y me apoyes en esta iniciativa. Gracias por la dicha que esta misión nos proporciona al mundo y a mí.»

Arcángel Azrael
(Hebreo, musulmán)

También conocido como *Azrail, Ashriel, Azaril, El Ángel de la Muerte.*

El nombre de Azrael significa «a quien Dios ayuda». Su papel es, fundamentalmente, ayudar a las personas a cruzar al Cielo en el momento de la muerte física. Azrael conforta a las personas en los momentos anteriores a la muerte, asegurándose de que no sufran, y las ayuda a asimilar el otro lado. Además, rodea con energía sanadora y luz divina a los entristecidos miembros de la familia para ayudarlos a enfrentarse a ello y superarlo. Azrael ofrece su apoyo a los amigos y familiares que se quedan, facilitando su camino en el aspecto material, espiritual y emocional. Si has perdido a alguien, invócalo para que te proporcione apoyo y consuelo.

Azrael también trabaja con los terapeutas, protegiéndolos para que no absorban el dolor de sus clientes y guiando sus palabras y sus actos para conseguir la máxima eficacia. Invoca a Azrael cuando necesites consuelo para un ser querido que esté a punto de morir y para que lo asista en su paso al otro lado. Él ayudará a todas las personas implicadas. Además, puedes pedirle que ayude a un ser querido que ya se ha marchado y que se encuentre con él, o ella, en el Cielo.

El arcángel Azrael es muy silencioso y sereno. Tiene un gran respeto por el proceso de llorar la pérdida de una persona y no se impone ante quienes están pasando por ello. Es más, permanece a un lado como fuente silenciosa de fortaleza y consuelo.

«*Durante esas noches en las que te sientes afligido y angustiado* –dice Azrael– *y das vueltas en la cama desvelado, yo puedo aliviar tu mente intranquila y ayudarte a dormir. Una mente y un cuerpo descansados son más fuertes y más capaces de soportar el proceso de perder a alguien. De modo que, no dudes en llamarme para obtener mis plegarias, mi asistencia o mi intercesión en tiempos de necesidad. Yo invocaré a otros ángeles para que acudan a tu lado y junto a tus seres queridos, y haremos todo lo posible para apoyarte con un amor dinámico.»*

Ayuda a:

- Consolar a los moribundos y a los que lloran una pérdida
- Realizar el paso hacia el otro lado del alma de la persona recién fallecida
- Las terapias para los que lloran una muerte
- Quienes han perdido a un ser querido, con apoyo material, espiritual y emocional

INVOCACIÓN

No es necesario ningún atuendo o comportamiento especial para invocar al arcángel Azrael, sino únicamente el deseo de ayudar en una situación en la que haya tristeza o muerte. Simplemente piensa en Azrael y ahí estará. Un ejemplo de invocación es:

«Arcángel Azrael, por favor, confórtame ahora. Por favor, ayúdame a sanar. Por favor, eleva mi corazón por encima de la pesadez y ayúdame a ser consciente de las bendiciones que ofrece esta situación. Por favor, ayúdame a dejar salir las lágrimas y a conectar con mi ser querido que está en el Cielo. Te pido que infundas de energía este encuentro para que yo pueda comunicarme claramente con (él o ella). Sé que mi ser querido está cerca y que tú nos ves a los dos. (Si necesitas ayuda con alguna situación relacionada con esta pérdida, díselo a Azrael ahora). Gracias, Azrael.»

Arcángel Chamuel

(Judeocristiano)

También conocido como *Camael, Camiel, Camiul, Canmiel, Cancel, Jahoel, Kemuel, Seraphiel, Shemuel.*

El nombre de Chamuel significa «el que ve a Dios», o «el que busca a Dios». Chamuel suele estar en la lista de los siete arcángeles centrales y está considerado un poderoso líder en la jerarquía angélica conocida como los «Poderes». Los Poderes son ángeles que velan por la protección del mundo frente a las energías inferiores y de temor. Actúan como guardias de seguridad disuadiendo a cualquiera que intente influir en el mundo de una forma negativa. Si estás temeroso respecto a los acontecimientos mundiales, invoca a Chamuel para recibir consuelo, protección e intervención.

Chamuel también protege nuestro mundo personal. Nos ayuda a buscar las cosas importantes en nuestras vidas, como relaciones de pareja, amigos, carreras, objetos perdidos y el propósito de nuestra existencia. Chamuel trabaja con nosotros para construir una base sólida para nuestras relaciones y carreras, para que sean duraderas, significativas y sanas.

El arcángel Chamuel es sumamente amable, dulce y cariñoso. Sabrás que está contigo cuando sientas mariposas en el estómago y un agradable hormigueo en el cuerpo. Dice Chamuel: «*Permíteme acompañarte por los caminos de la vida y hacer que tu viaje esté libre de contratiempos y sea fructífero. Es un gran placer para mí ofrecerte sosiego en sustitución de cualquier energía dolorosa.*»

Ayuda a:

- Encontrar una profesión, un propósito en la vida y objetos perdidos
- Construir y fortalecer las relaciones
- Encontrar un alma gemela
- La paz mundial

INVOCACIÓN

Invoca a Chamuel para recuperar cualquier cosa que, aparentemente, hayas perdido. Él escucha tus pensamientos, de modo que puedes llamarlo mentalmente, incluso cuando estés presa del pánico:

«Arcángel Chamuel, al parecer he perdido (nombre del objeto o situación). Sé que nada está verdaderamente perdido porque Dios está en todas partes y, por lo tanto, puede ver dónde se encuentra cada cosa. Por favor, guíame para hallar lo que estoy buscando. Gracias, Chamuel.»

Arcángel Gabriel
(Judeocristiano, musulmán)

También conocida como *Abruel, Jibril, Jiburili, Serafili.*

El nombre de Gabriel significa «Dios es mi fuerza». Gabriel (que es de sexo femenino) es el famoso ángel que informó a Isabel y a María del inminente nacimiento de sus hijos, Juan Bautista y Jesús de Nazaret, respectivamente. El arcángel Gabriel también dictó a Mahoma el texto espiritual del Islam, el Corán. Como resultado de ello, se hizo conocida como la «mensajera». Gabriel continúa teniendo un papel en el mundo, ayudando tanto a los padres como a los mensajeros humanos.

En su primer rol, Gabriel guía a los esperanzados padres hacia la concepción del hijo, o a través del proceso de adopción de un niño. Ella les da fuerza y valor, y ayuda a las futuras madres a permanecer centradas en una fe alegre para crear la mejor atmósfera para el bebé.

En su segundo rol, Gabriel ayuda a cualquier persona cuyo propósito en la vida esté relacionado con el arte o la comunicación. Invócala para pedirle ayuda, orientación y para que sea tu *manager* si eres actor o actriz, artista, escritor/a, bailarín o bailarina, periodista, modelo, músico, reportero/a, cantante, compositor/a, profesor/a o cualquier cosa que implique transmitir mensajes espirituales. Ella te abrirá puertas para ayudarte a expresar tu talento a lo grande. Gabriel también actúa como animadora, inspirando y motivando a artistas y comunicadores, y ayudándolos a superar el miedo y la falta de decisión.

Gabriel tiene fama de ser fuerte y poderosa, y quienes la invocan se verán impulsados a realizar alguna acción que producirá resultados beneficiosos. Gabriel es, definitivamente, ¡un arcángel de acción! Dice: «*Estoy aquí para conducir a quienes dicen lo que piensan y expresan claramente las necesidades de la sociedad. Este proceso de abogar es antiguo, y muy pocas cosas han cambiado con el paso del tiempo, a excepción de los avances tecnológicos. En otras arenas, el arte y la palabra han mantenido una fuerza constante y uniforme, otorgando poder a las personas que desean el cambio y ser útiles. Permitidme que abra las puertas de la oportunidad para aquellos de vosotros que están oyendo la llamada de sus corazones a actuar, jugar y crear en mayor medida.*»

Ayuda a:

- La adopción de un niño
- Los proyectos relacionados con el arte y a los artistas
- La concepción de un niño y la fertilidad
- El periodismo y la narrativa
- El trabajo en televisión y radio

Invocación

Antes de iniciar cualquier proyecto artístico o de comunicación, pide a Gabriel que guíe y supervise tus actividades, diciendo en voz alta o mentalmente:

«Arcángel Gabriel, solicito tu presencia en (describe el proyecto). Por favor, abre mis canales creativos para que yo pueda recibir una verdadera inspiración. Ayúdame a abrir mi mente para que pueda dar vida a ideas únicas. Y, por favor, ayúdame a mantener la energía y la motivación para actuar de acuerdo con mi inspiración. Gracias, Gabriel.»

Arcángel Haniel
(Babilonio, cabalístico)

También conocida como *Anael, Aniel, Hamiel, Onoel.*

El nombre de Haniel significa «gloria de Dios» o «gracia de Dios». En la antigua Babilonia, un grupo de hombres conocidos como los «sacerdotes astrónomos» trabajaban con la astrología, la astronomía, la energía lunar y con diversas deidades para realizar adivinaciones y sanaciones espirituales. Uno de los arcángeles con los que solían trabajar era Haniel, que está relacionada con el planeta Venus.

Algunos textos cabalísticos aseguran que Haniel acompañó a Enoch al mundo del espíritu. Enoch es uno de los únicos dos seres humanos que han sido transformados en arcángeles; en su caso, se convirtió en el arcángel Metatrón. (El otro caso fue el del profeta Elías, que ascendió para convertirse en el arcángel Sandalfón, como veremos más adelante).

Haniel nos ayuda a recuperar los secretos perdidos de los remedios naturales para la curación, especialmente cuando éstos incluyen la utilización de energía lunar en pociones, polvos y cristales. Además, Haniel nos ayuda a disfrutar de más gracia en nuestras vidas. Invócala para añadir belleza, armonía y la compañía de amigos maravillosos a tu vida. Ella te ayudará también a mantenerte sereno y centrado antes de, y durante, cualquier acontecimiento importante, ya sea un discurso, una actuación, una primera cita o una entrevista de trabajo.

El arcángel Haniel tiene la energía de una diosa lunar: etérica, silenciosa, paciente y mística. La sabiduría de Haniel proviene de varios eones de experiencia trabajando con seres humanos. Ella dice: *«Sí, soy paciente con la humanidad porque puedo ver todo el bien que ha creado. Por cada momento de intolerancia, hay cientos de actos de profunda bondad que eclipsan a la oscuridad. La luz de la humanidad brilla hoy más que nunca. Si pudieseis verla desde mi punto de vista, sabríais por qué siento un respeto y un amor tan profundos por todos vosotros. Estoy feliz de ayudar en cualquier causa que sitúe a la humanidad por encima del estrépito de los egos que chocan y os eleve hasta el nivel del que provenís: la Gracia de Dios y la belleza eterna.»*

Ayuda a:

- Atraer la gracia a nuestras vidas
- Las habilidades sanadoras
- La energía lunar
- Tener serenidad
- Las habilidades psíquicas, especialmente la clarividencia

INVOCACIÓN

Si tienes que cumplir con una función importante que exige una actuación perfecta o una elegancia refinada, pide a Haniel que te acompañe. Puedes llamarla pensando en su nombre y describiendo tu necesidad, o haciendo una invocación formal como:

«Arcángel Haniel, vigilante de la gracia, la serenidad y el encanto, por favor, trae tu energía divina de sabiduría amorosa a (describe la situación). Gracias por guiar mis palabras, mis actos y mis gestos, y por ayudarme a disfrutar mientras ofrezco mis bendiciones a todas las personas que me ven o me oyen. Que tu magnetismo divino atraiga hacia mí únicamente energías positivas. Oh, gracias, gloriosa Haniel, gracias.»

Arcángel Jeremiel
(Judaico)

También conocido como *Ramiel, Remiel*.

El nombre de Jeremiel significa «misericordia de Dios». En los textos judaicos antiguos, Jeremiel figura como uno de los siete arcángeles centrales.

Se dice que Jeremiel ayudó a Baruch, un prolífico autor de textos judaicos apócrifos en el siglo I d. de C., con sus visiones proféticas. Una de ellas fue la visión de la venida del Mesías. En otra, el arcángel llevó a Baruch de paseo por los distintos niveles del Cielo.

Además de ser un arcángel de visiones proféticas, Jeremiel ayuda a las almas que acaban de pasar al más allá a repasar sus vidas. Se trata de un servicio con el que también ayuda a los que siguen vivos. Si quieres hacer inventario de lo que ha sido tu vida hasta el momento para poder realizar ajustes positivos, invoca a Jeremiel. Él te ayudará a valorar tu historia sin miedo y a aprender de las experiencias pasadas para hacerte más fuerte y estar más centrado en el amor en el futuro.

Dice Jeremiel: «*Un repaso de tu vida, realizado a intervalos regulares, demostrará ser muy beneficioso para ti pues te ayudará a determinar cuál será la siguiente estación y el siguiente paso. Al repasar tu vida a lo largo del camino, haces que tu tarea sea mucho más placentera al pasar a la otra vida. Ya habrás revisado las principales encrucijadas y no sufrirás, ni te arrepentirás de nada, aunque reconozcas que podrías haberlo hecho mejor.*

»*Ciertamente que la revisión de tu vida es mucho más extensa al otro lado, pero puedes componer una mientras todavía tienes un cuer-*

po físico. Encuentra unos momentos de tranquilidad y pídeme que entre en tus pensamientos, o en tus sueños por las noches. Te mostraré imágenes de importantes acontecimientos de tu vida que encenderán el recuerdo de otros hechos de menor envergadura. A menudo, es en esas interacciones aparentemente menores con otras personas donde tienen lugar tus más grandes realizaciones. De ahí suelen surgir las lecciones de la vida. Entonces, podrás basar fácilmente tus filosofías y tus decisiones en lo que has comprendido, y esto siempre será para beneficio de todos los implicados.»

Ayuda a:

- Tener clarividencia y visiones proféticas
- Repasar la vida y realizar cambios en ella
- Los sueños psíquicos, incluyendo sus interpretaciones

INVOCACIÓN

Si te preocupa el futuro, invoca a Jeremiel para que te proporcione una comprensión y una información mayores:

«Arcángel Jeremiel, por favor, ayúdame a liberarme de los miedos, las preocupaciones y las tensiones respecto a mi futuro... y el futuro del mundo. (Cuéntale a Jeremiel cualquier situación que pese particularmente en tu mente). Te pido que me transmitas tus percepciones proféticas sobre el futuro. Por favor, dame una orientación clara sobre cualquier cosa que pueda hacer o cambiar para crear un futuro más elevado y mejor para mí y para todos los implicados. Gracias.»

Arcángel Jophiel
(Judeocristiano)

También conocida como *Iofiel, Iophiel, Zophiel.*

El nombre de Jophiel significa «belleza de Dios». Este arcángel es conocido como «el patrón de los artistas». Ella estuvo presente en el Jardín del Edén y, más adelante, veló por los hijos de Noé.

Como arcángel del arte y la belleza, Jophiel nos ayuda metafísica y físicamente. En primer lugar, nos ayuda a tener pensamientos hermosos, a ver y apreciar la belleza que nos rodea y, por ende, a crear, manifestar y atraer más belleza a nuestras vidas. Después de todo, los pensamientos bellos conducen a desenlaces hermosos.

En el mundo físico, Jophiel ayuda con proyectos artísticos y enciende nuestra chispa creativa. Ella nos aporta ideas y energía para llevar a cabo nuestras iniciativas artísticas. Jophiel también nos ayuda a crear belleza en el hogar, en el trabajo y en nuestras relaciones, y a ir más despacio y oler las rosas.

El arcángel Jophiel tiene una energía edificante que es divertida y agradable de experimentar. Ella es amigable y positiva, como la mejor amiga ideal.

«*La preocupación nunca ha ayudado a nada, de modo que, ¿por qué recurrir a ella en tiempos de necesidad?* –dice Jophiel–. *No te nutrirá, ni te sanará; en realidad, hará todo lo contrario. Es mucho mejor poner el esfuerzo en algo creativo, como una manera de meditar en silencio a través de una acción positiva. ¡Crea, crea, crea! De ese modo reflejarás la propia creatividad de Dios. Ésa es la razón por la cual te sientes más cerca de Dios cuando estás absorto escribiendo, hablando y realizando otros proyectos artísticos.*»

Ayuda a:

- Los proyectos artísticos y los artistas
- Tener pensamientos hermosos
- La decoración de interiores
- Ir más despacio cuando llevamos un ritmo frenético

Invocación

Si te encuentras en una situación negativa, es muy probable que tus pensamientos negativos hayan ayudado a manifestarla. Invoca a Jophiel para cambiar la situación:

> «Arcángel Jophiel, por favor, ayúdame con (describe la situación). Gracias por ayudarme a ver la belleza divina interior que hay en mí y en todas las personas implicadas. Gracias por tu intervención en la creación de un desenlace hermoso. Como reconocimiento y en nombre de todo lo que es bello, ¡te doy las gracias, Jophiel.»

Arcángel Metatrón
(Judaico, cabalista)

También conocido como *Metatetrón, Merratón, Metaraón, Mittrón.*

El significado del nombre de Metatrón no está claro, pues no acaba con el sufijo «el», como los de todos los demás arcángeles (con excepción de su hermano gemelo, Sandalfón). «El» significa «El Elyah», el nombre hebreo del Dios amoroso de Abraham, en oposición al Dios celoso y vengativo de Moisés, llamado Jehová. Los nombres de los arcángeles describen su función y luego acaban en «el», que significa «de Dios». El propio término *ángel* significa «mensajero de Dios».

El inusual nombre de Metartrón probablemente sea consecuencia de sus orígenes poco comunes como uno de los únicos dos arcángeles que fueron hombres mortales que caminaron por la Tierra (el otro es Sandalfón, que fue el profeta Elías). Existen diversas conjeturas en los textos y entre los expertos: unos dicen que el nombre Metatrón significa «el que ocupa el trono que está junto al trono Divino»; otros que su nombre es una derivación del nombre *Yahweh*, el término judío para el nombre sagrado de Dios. También se le ha llamado «el Ángel de la Presencia».

Metatrón es el más joven de los arcángeles, pues fue creado después de los demás. El profeta y escriba Enoch, de quien se dice que «caminó con Dios» (en el libro del Génesis), conservó durante su vida mortal la pureza que Dios le dio. Enoch fue también un especialista en los secretos celestiales, habiendo recibido *El Libro del Ángel Raziel* (también conocido como *Sefer Raziel*), un texto sobre las obras de Dios, redactado por el Arcángel Raziel y entregado a Adán, Noé, Enoch y Salomón. Como resultado de ello, Dios acompañó a Enoch directamente hasta el séptimo Cielo (el nivel más alto) para que residiera y trabajara ahí. Enoch recibió alas y fue transformado en un gran arcángel llamado Metatrón.

Puesto que, cuando vivió en este planeta Enoch fue un escriba hábil y honesto, se le encomendó una tarea similar en el Cielo: anotar todo lo que ocurriera en la Tierra y guardarlo en los registros akáshicos (también conocidos como *El Libro de la Vida*). Por lo tanto, él se ocupa de registrar y organizar este material.

Metatrón es un ángel apasionado y enérgico que trabaja incansablemente para ayudar a los habitantes de nuestro planeta. Actúa como intermediario entre el Cielo y la Tierra, pues tiene una amplia experiencia como ser humano y como ángel. Como tal, nos ayuda a entender la perspectiva del Cielo y a aprender a trabajar con el reino angélico.

Metatrón tiene también un lugar especial para los niños en su corazón, sobre todo para aquellos que tienen un don espiritual. Después del Éxodo, Metatrón condujo a los hijos de Israel a través del desierto y los llevó a un lugar seguro. Actualmente, continúa conduciendo a los niños, tanto en la Tierra como en el Cielo. Se interesa especialmente por los niños a los que se ha diagnosticado el Trastorno de Déficit de Atención (TDA) o el Trastorno Hiperactivo de Déficit de Atención (THDA), y ayuda a los padres, educadores, científicos y profesionales de la salud pública a encontrar alternativas naturales al Ritalin y a otras medicinas psicoactivas.

Metatrón ayuda a los niños que acaban de cruzar al otro lado a acostumbrarse al Cielo, y a los niños que viven en la Tierra a quererse a sí mismos y a estar más concentrados. Además, los ayuda a ser más conscientes espiritualmente y a aceptar y pulir sus dones espirituales.

La energía de Metatrón es fuerte y sumamente concentrada, como un rayo láser. Es un gran motivador y te animará a superar la falta de resolución y a dar pasos valientes. También es filosófico y puede ayudarte a entender cosas como cuáles son las motivaciones de otras personas al actuar y por qué se dan diversas situaciones.

Dice Metatrón: «*Mi vida humana me proporcionó la capacidad de comprender los conceptos humanos de vida y muerte, que son con-*

ceptos abstractos para quienes han existido siempre en los espacios celestes. Yo entiendo el absorbente miedo a la muerte que subyace a muchas emociones humanas. Sin embargo, al haber atravesado esa frontera, quiero recalcar una opinión que habéis oído con mucha frecuencia: Que realmente no hay nada que temer respecto al hecho de venir aquí. El momento está planificado de acuerdo con el calendario de tu alma y la muerte no puede tener lugar ni un minuto antes de que llegue ese momento.

»No existe una muerte prematura o no planificada, y las cosas desagradables asociadas a la muerte son, mayormente, producto de la imaginación humana. Incluso a quienes mueren de una forma violenta se les ahorra el sufrimiento atroz, principalmente mediante la intervención de Dios. Sus almas salen del cuerpo en el momento de la inevitabilidad, mucho antes de que se produzca el sufrimiento. Su disociación del acontecimiento ocurre porque están concentrados en la realización de lo que sigue a la existencia física. La fascinación que tienen por experimentar la nueva vida que tendrán después de la muerte elimina toda concentración en el sufrimiento que el ser humano parece experimentar en el momento de la transición. Os aseguramos que todo esto se debe a la compasión del Gran Creador, que está con todos nosotros, siempre.»

Ayuda a:

- El Trastorno de Déficit de Atención (TDA)
  o el Trastorno Hiperactivo de Déficit de Atención (THDA)
- Solucionar los problemas de los niños
- Guardar un registro escrito y organizar
- La comprensión espiritual
- La narrativa

INVOCACIÓN

Si un niño (o niña) al que quieres ha sido diagnosticado con el TDA o el THDA y se le ha recomendado o recetado alguna medicación, invoca al arcángel Metatrón para ver si existen tratamientos alternativos que sean viables:

«Arcángel Metatrón, solicito tu intervención intensamente amorosa para ayudar a (nombre del niño o la niña), a quien le han diagnosticado un 'trastorno'. Por favor, ayúdanos a conocer la voluntad de Dios para este niño (o niña), y guía a todos los adultos implicados para que hagan lo que sea mejor para él (o ella). Por favor, ayúdanos a permanecer fuertes entre las figuras de autoridad y a hacer lo que sea adecuado. Por favor, ayuda a todos los demás adultos implicados en la toma de decisiones para el bien de este niño (o niña) para que tengan conversaciones armoniosas, incluso cuando sus opiniones difieran. Metatrón, por favor, protege a este niño (o niña) de cualquier daño, ahora y en el futuro. Gracias.»

Arcángel Miguel
(Judeocristiano, islámico)

También conocido como *Beshter, Mika'il, Sabbathiel, San Miguel.*

El nombre de Miguel significa «aquél que es como Dios» o «aquél que se asemeja a Dios». El Arcángel Miguel es un líder entre los arcángeles y está a cargo de la orden angélica conocida como «las virtudes» y del propósito en la vida de los trabajadores de luz. Su función principal es liberar a la Tierra y a sus habitantes de las toxinas asociadas al miedo. Los seres humanos a los que recluta y con los que trabaja se denominan «trabajadores de luz» y Miguel les pide que realicen una enseñanza espiritual y un trabajo de sanación de forma profesional o informal.

Miguel ha inspirado a líderes y trabajadores de luz desde la época en que estuvo en el Jardín del Edén, donde enseñó a Adán a cultivar la tierra y a cuidar de su familia. Juana de Arco dijo a sus inquisidores que había sido el arcángel Miguel quien le había dado el ímpetu y la valentía para conducir a Francia durante la Guerra de los Cien Días. En 1950, fue canonizado como San Miguel, «Patrono de los Oficiales de Policía», porque ayuda en los actos heroicos y a tener valentía.

El arcángel Miguel es sumamente alto y guapo, y suele llevar una espada que utiliza para liberarnos de la trampa del miedo. Cuando esté cerca de ti, es posible que veas centelleos o destellos de una luz azul brillante o púrpura. Miguel es una energía ardiente y su presencia basta para hacerte sudar. Muchas de mis alumnas me dicen que creyeron que estaban experimentando los calores propios de la menopausia hasta que se dieron cuenta de que acababan de invocar a Miguel, ¡y era su presencia la que estaba creando todo ese calor!

Miguel tiene muy buena mano para arreglar aparatos eléctricos y mecánicos, incluidos los ordenadores. Lo he invocado muchas veces para que me ayudara a reparar teléfonos, máquinas de fax y cosas electrónicas, y siempre ha aparecido. Una alumna mía incluso lo invocó cuando estaba reparando la instalación de cañerías de un amigo (algo de lo cual no tenía ningún conocimiento, pero se ofreció a hacerlo porque tenía fe en que *podía* hacerlo). En cuanto esta mujer llamó a Miguel, las cañerías se arreglaron aparentemente solas ¡y la operación se realizó en un instante!

Miguel guía y dirige a las personas que se sienten perdidas, o atascadas en relación con el propósito de sus vidas o su profesión. Él puede estimular a quienes están desmotivados o temerosos para que actúen. Además, proporciona una clara orientación acerca de cuál es el siguiente paso a seguir.

Ayuda a:

- El compromiso y la dedicación a las propias creencias
- Ser valientes
- Recibir orientación
- Tener energía y vitalidad
- El propósito en la vida, en todos sus aspectos
- Tener motivación
- Dar protección
- La limpieza de un espacio
- La liberación del espíritu
- Valorarnos y aumentar la autoestima

INVOCACIÓN

Invoca a Miguel siempre que tengas miedo o te sientas vulnerable. Él acudirá a tu lado al instante, dándote valor y asegurándose de que estés a salvo, tanto física como emocionalmente. Sentirás su presencia guerrera junto a ti protegiéndote como un guardaespaldas amoroso. Cualquier persona que pudiera haber tenido la intención de hacerte daño cambiará de idea o su forma de sentir.

Miguel no exige una invocación formal y acudirá al lado de cualquier persona que lo invoque. Por ejemplo, podrías pensar:

«Arcángel Miguel, por favor, ven a mí ahora. ¡Necesito tu ayuda!»

Luego, describe mentalmente la situación para la cual necesitas asistencia. Como dije antes, sabrás que está contigo cuando sientas su energía cálida característica.

Arcángel Raguel
(Judeocristiano)

También conocido como *Akrasiel, Raguil, Rasuil, Rufael, Suryan.*

El nombre de Raguel significa «amigo de Dios». Su papel principal en el Cielo es supervisar a todos los demás ángeles y arcángeles. Él se asegura de que trabajen todos juntos de una forma armoniosa y ordenada, de acuerdo con el orden y la voluntad Divinos. Es por esta razón que se le suele llamar «el Arcángel de la Justicia y la imparcialidad». A Raguel le encanta ser un campeón para los desvalidos y puede ayudar a que quienes se sienten desairados o maltratados obtengan más poder y respeto.

El arcángel Raguel es entusiasta y amigable, y es una «batería» que te energizará cuando necesites un impulso. Imagina que tienes un amigo íntimo que es una combinación de abogado, consejero espiritual, terapeuta y motivador, y tendrás una idea de los múltiples talentos de Raguel y del alcance de su ayuda. Es un caballero amoroso que nuca interferirá con tu libre albedrío. No obstante, si le pides ayuda, estará ahí al instante.

«Con mucha frecuencia –dice Raguel–, veo gente que se desanima sin tomar conciencia de su potencial y de sus opciones. Mi disponibilidad es ilimitada y no hay ninguna razón para que intentes nada a solas habiendo tanta amistad a tu alcance. Yo suelo trabajar de una forma anónima dentro de otros grupos de personas que se dedican a ayudar, de modo que es posible que no sepas que yo estoy ahí asistiéndote cuando lo has solicitado. ¡Pero sí lo estoy!»

Ayuda a:

- La resolución de discusiones
- La cooperación y la armonía en grupos y familias
- La defensa de las personas que han sido tratadas injustamente
- Adquirir poder, especialmente a los desvalidos
- La mediación en las disputas
- Poner orden

INVOCACIÓN

Raguel es maravilloso para resolver conflictos. Si has tenido una pelea con alguien y necesitas que haya una conclusión positiva con esa persona, pide a Raguel que intervenga:

«Arcángel Raguel, gracias por intervenir en mi relación con (nombre de la otra persona implicada), llevándonos a los dos a un nivel de paz y armonía. Estoy muy agradecido por tu ayuda para resolver nuestras diferencias con amor y cooperación. Aprecio el perdón que sentimos mutuamente. Sé que la voluntad de Dios es la paz eterna y, como hijos de Dios, soy consciente de que los dos somos la encarnación de esa paz. Gracias por ayudarnos a vivir esta verdad, ahora y siempre. En paz y con gratitud, te doy las gracias.»

Arcángel Rafael
(Judeocristiano)

También conocido como *Labbiel*.

El nombre de Rafael significa «Dios sana» o «Dios ha sanado», basándose en la palabra hebrea *rapha*, que quiere decir «doctor» o «sanador».

Rafael es un poderoso sanador de cuerpos físicos, tanto de seres humanos como de animales. Quienes lo invocan son curados rápidamente. Se dice que él acabó con el dolor que Abraham sentía después de haber sido circuncidado en su adultez.

Rafael también puede ser invocado por el bien de otra persona. Él acudirá a dondequiera que sea requerido, pero no puede interferir con el libre albedrío de dicha persona. Si alguien se niega a recibir tratamiento espiritual, no se le puede obligar. Sin embargo, la presencia de Rafael tendrá un efecto reconfortante que ayudará a su curación natural, reduciendo el estrés y la ansiedad.

En el *Libro de Tobit*, Rafael viaja con Tobías, hijo de Tobit. Durante el viaje, Rafael se encarga de que Tobías esté protegido de todo mal. Esto le valió su título de «patrono de los viajeros». Rafael es un ayudante maravilloso cuando se trata de tener un viaje seguro, pues él se encarga de que todos los detalles de transporte, alojamiento y equipaje vayan maravillosamente bien. También ayuda a quienes tienen un viaje interior espiritual, asistiéndolos en su búsqueda de verdad y de orientación.

Rafael también enseñó a Tobías a utilizar las partes del pescado de una forma medicinal; por ejemplo, para hacer bálsamos y ungüentos sanadores. Éste demuestra que Rafael no sólo realiza un trabajo de sanación espiritual directamente con los que están enfermos o heridos, sino que también guía a los sanadores humanos para que sepan qué tratamientos terrenales utilizar con sus pacientes. Ellos pueden invocar mentalmente al arcángel para obtener orientación antes o durante las sesiones del tratamiento. Rafael también ayuda a los futuros sanadores con su educación (incluye conseguir tiempo y dinero para los estudios) y luego los asiste para que establezcan su consulta y atrae a unos clientes maravillosos.

Rafael es un sanador y un guía para los animales domésticos y salvajes. Yo he obtenido excelentes resultados al pedirle que encuentre un animal doméstico perdido, tanto si era mío, de amigos o de mis clientes. Los resultados son casi inmediatos, pues los animales parecen estar especialmente abiertos a su amable y amoroso interés.

Este arcángel ayudó fundamentalmente a curar la ceguera de Tobit y ha trabajado con miles de alumnos míos en mis talleres para abrir su «tercer ojo», que es un centro de energía espiritual (chakra) que regula la clarividencia. Rafael es muy dulce, cariñoso, generoso y amable, y uno sabe que está cerca cuando ve destellos o ráfagas de luz de color verde esmeralda.

A menudo, los arcángeles Rafael y Miguel trabajan juntos para exorcizar espíritus problemáticos y para alejar las energías inferiores de las personas y los lugares. *El testamento de Salomón* describe cómo Rafael le llevó al rey Salomón el anillo mágico con la poderosa estrella de seis puntas grabada en él. El rey utilizó el anillo y su símbolo para dominar a los demonios. De modo que parte del trabajo de sanación de Rafael incluye la liberación de un espíritu y la limpieza de un espacio.

Ayuda a:

- Las adicciones y los antojos, eliminándolos y reduciéndolos
- La clarividencia
- La visión, física y espiritual
- Los sanadores, con orientación y apoyo
- La sanación de seres humanos y de animales

- La recuperación de animales domésticos extraviados
- La limpieza de espacios
- La liberación de un espíritu
- Los viajes, en lo relacionado a la protección, el orden y la armonía

Invocación

En cualquier momento en que tú, u otra persona, o un animal, experimentéis una molestia física, invoca al arcángel Rafael para que realice un tratamiento angélico. Él intervendrá directamente en el cuerpo de la persona o el animal y, además, ofrecerá orientación sobre lo que puede hacerse para efectuar una curación.

Cuando invoques a Rafael para ti, simplemente piensa para tus adentros:

«Arcángel Rafael, necesito ayuda con (describe la situación). Por favor, rodea e infunde mi cuerpo con tu poderosa energía sanadora de amor divino. Ahora entrego esta situación enteramente a Dios. Sé que mediante este acto me abro para mostrar en todos los aspectos la salud que Él me ha dado. ¡Gracias, Dios y Rafael, por la energía, el bienestar y la felicidad!»

Si quieres invocar a Rafael para otro ser, puedes visualizarlo junto con otros ángeles rodeando a la persona, o al animal, con su presencia sanadora y su luz verde esmeralda. Puedes solicitar a Dios que envíe a Rafael, o pedir directamente al arcángel:

«Arcángel Rafael, por favor, haz una visita sanadora a (nombre de la persona o animal) y estimula la salud y el bienestar de todos los implicados. Por favor, eleva todos nuestros pensamientos convirtiéndolos en fe y esperanza, y elimina todas las dudas y los miedos. Por favor, despeja el camino para que la salud divina se manifieste ahora y para siempre. Gracias.»

Arcángel Raziel
(Judaico, cabalístico)

También conocido como *Ratziel, Saraqael, Suriel.*

El nombre de Raziel significa «secreto de Dios» porque él trabaja tan estrechamente con el Creador que conoce todos los secretos del Universo y su forma de operar. Raziel puso por escrito todos estos secretos en un tomo de símbolos y magia divina llamado El *Libro del Ángel Raziel* o *Sefer Raziel.* Después de que Adán y Eva fueran expulsados del Edén, el arcángel se lo entregó a Adán para que tuviera una guía sobre la manifestación y la gracia de Dios. Más adelante, el profeta Enoch recibió el libro antes de su ascensión y su transformación en el arcángel Metatrón. Noé también recibió una copia de manos del arcángel Rafael y utilizó la información para construir su arca y ayudar a sus habitantes después del diluvio.

Muchos estudiosos afirman que, en realidad, este libro misterioso (que actualmente se puede encontrar en las librerías) fue escrito por un erudito judío de la Edad Media, quizá Eleazar de Worms o Isaac el Ciego. No obstante, el *Libro del Ángel Razid* o *Sefer Raziel* es un libro difícil de descifrar y se dice que, para poder entenderlo, sus lectores deben invocar a Raziel.

Raziel puede ayudarte a comprender el material esotérico, los principios de manifestación, la geometría sagrada, la física cuántica y otra información de alto nivel. También puede abrirte a niveles más elevados de habilidades clarividentes y aumentar tu capacidad de ver, oír, saber y sentir la guía divina. Como un mago divino, Raziel también puede ayudarte con tus manifestaciones.

Raziel es muy cariñoso, amable e inteligente. Su presencia puede parecer sutil, pero si lo invocas a menudo serás consciente de su influencia positiva en tus prácticas espirituales.

Ayuda a:

- La alquimia
- La clarividencia
- La magia divina
- La información esotérica
- La manifestación
- Las habilidades psíquicas

INVOCACIÓN

Para profundizar en tu comprensión espiritual de conceptos esotéricos, invoca a Raziel. Dado que sus mensajes son profundos, es mejor contactarlo en un entorno tranquilo. Cierra los ojos, respira profundamente, aquieta tu mente y di para tus adentros:

«Arcángel Raziel, por favor, ayúdame a abrir mi mente a los secretos Divinos del Universo. Ayúdame a liberarme de cualquier creencia limitadora o miedo para que pueda tener una comprensión espiritual clara y profunda. Me gustaría especialmente recibir tu instrucción acerca de (describe el problema para el que quisieras una solución, haciendo las preguntas que desees una a una, dejando mucho tiempo entre ellas para que Raziel pueda responder a cada una y para que tú tengas la oportunidad de absorber y digerir sus respuestas). Gracias, Raziel, por tus enseñanzas.»

Arcángel Sandalfón
(Judaico)

También conocido como *Sandolphon, Sandolfón.*

Sandalfón es uno de los dos arcángeles cuyo nombre no acaba en «el» (que significa «Dios» en hebreo). El nombre de Sandalfón significa «hermano» en Griego, y hace referencia a su hermano gemelo, el arcángel Metatrón. Los gemelos son los únicos arcángeles del Cielo que fueron, originalmente, hombres mortales. Sandalfón fue el profeta Elías y Metatrón fue el sabio Enoch. Dios les dio sus asignaciones inmortales como arcángeles para recompensarlos por su buen trabajo en la Tierra, permitiéndoles continuar con su servicio sagrado desde el Cielo. La ascensión de Elías tuvo lugar cuando fue elevado al Cielo en un carro ardiente impulsado por dos caballos de fuego, acompañado de un torbellino, acontecimiento que está registrado en el segundo capítulo del Libro segundo de los Reyes.

El papel principal de Sandalfón consiste en entregar a Dios las plegarias humanas para que puedan ser respondidas. Se dice que es tan alto que se extiende desde la Tierra hasta el Cielo. La antigua tradición cabalística dice que Sandalfón puede ayudar a los padres que esperan un bebé a determinar su sexo, y muchos creen que también está implicado en la música.

Los mensajes y meditaciones del arcángel Sandalfón llegan como dulces susurros sobre las alas de los ángeles; son tan suaves que, si no estás prestando atención, pueden pasar de largo como una brisa. Cuando invoques a Sandalfón, fíjate en cualquier palabra o música que oigas en tu mente, pues probablemente será la respuesta a tus plegarias.

Ayuda a:

- La música
- Las plegarias, entregándolas y respondiéndolas
- Decidir el género de los bebés que aún no han nacido

INVOCACIÓN

Si tienes una plegaria que deseas que sea respondida urgentemente, invoca al arcángel Sandalfón pensando en ella y diciendo:

«Querido Arcángel Sandalfón, que entregas y respondes todas las plegarias, solicito tu asistencia ahora. Por favor, entrega a Dios mi plegaria (recítala) lo antes posible. Te pido que me hagas llegar un mensaje claro que yo pueda entender fácilmente. Por favor, ponme al tanto del progreso de mi petición y hazme saber si hay algo que debo hacer. Gracias y amén.»

Arcángel Uriel
(Judeocristiano)

El nombre de Uriel significa «Dios es luz», «luz de Dios» o «fuego de Dios», porque él ilumina las situaciones y proporciona información profética y advertencias. Por ejemplo, Uriel advirtió a Noé de un diluvio inminente, ayudó al profeta Elías a interpretar predicciones místicas sobre la llegada del Mesías y entregó la Cábala a los humanos. También se le atribuye haber traído a la humanidad el conocimiento y la práctica de la alquimia (la habilidad para convertir un metal base en un mental precioso, así como para manifestar a partir del aire sutil).

Uriel está considerado uno de los arcángeles más sabios. Es como un viejo erudito al que llamas para obtener información intelectual, soluciones prácticas y una percepción creativa. Uriel acudirá a tu lado al instante, sin que tengas que trepar una montaña para llegar hasta él. Sin embargo, su personalidad no es tan definida como la del arcángel Miguel, por ejemplo. Es posible que ni siquiera te des cuenta de que Uriel ha acudido para responder a tus plegarias, hasta que notes que una nueva idea brillante entra en tu mente.

Quizá debido a su conexión con Noé, así como su afinidad con los elementos del trueno y el relámpago, Uriel está considerado un arcángel que ayuda en terremotos, inundaciones, incendios, huracanes, tornados, desastres naturales y cambios planetarios. Invócalo para prever estos acontecimientos, o para sanar y recuperarte cuando hayan pasado.

Ayuda a:

- La alquimia
- La magia divina
- Los cambios en la Tierra
- La resolución de problemas
- La comprensión espiritual
- Estudiar, aprobar exámenes y a los alumnos
- El clima
- La narrativa

INVOCACIÓN

Puesto que Uriel tiene tantos talentos y nos ayuda en tantas áreas de la vida, es una buena idea invocarlo con regularidad. Piensa en él como un mentor que puede supervisar las lecciones de la vida. Una de las mejores maneras en que Uriel nos ayuda es proporcionándonos información adicional para que podamos tomar decisiones con conocimiento. En tales casos, invócalo de una manera similar a la siguiente:

«Arcángel Uriel, solicito tu sabiduría acerca de (describe la circunstancia sobre la que quieres recibir iluminación). Necesito tanta información como sea posible para poder ver con claridad la verdad de esta situación. Por favor, ayúdame a tomar una decisión con conocimiento y hazme ver todas las perspectivas existentes. Por favor, ayúdame a oír y comprender claramente esta información y a tener una mente lo más abierta posible. Gracias, Uriel.»

Arcángel Zadkiel
(Judaico)

También conocido como *Satqiel, Tzadkiel, Zadakiel, Zidekiel.*

El nombre de Zadkiel significa «la rectitud de Dios». Se le considera el arcángel de la misericordia y la benevolencia, quizá debido a su papel para impedir que Abraham sacrificase a su hijo como ofrenda a Dios.

Zadkiel puede ayudarte a sentir misericordia y compasión por ti y por los demás, a dejar de juzgar y a perdonar. Así pues, es un ángel sanador que trabaja al lado del arcángel Miguel para sustituir las energías negativas por fe y compasión. Zadkiel nos ayuda a ver la luz divina que está dentro de nosotros y de los demás, en lugar de concentrarnos en la personalidad superficial, en los errores de comportamiento o en el ego.

Si te está costando perdonarte a ti mismo o perdonar a otras personas, pide a Zadkiel que intervenga. Él actuará como un deshollinador que limpia tu cuerpo, tu mente y ese corazón que no perdona. Esto no quiere decir que tienes que permitir el comportamiento abusivo de otras personas. Simplemente significa que ya no estás dispuesto a cargar con el residuo emocional de viejas situaciones.

El arcángel Zadkiel también es muy conocido por su ayuda a las funciones de la memoria. Si tienes que memorizar una información importante, si necesitas recordar dónde dejaste las llaves del coche o si simplemente deseas desarrollar tu memoria en general, invócalo.

Ayuda a:

- Tener compasión
- La localización de objetos perdidos
- Perdonarnos a nosotros mismos y a los demás
- La sanación, emocional y física
- Aumentar la memoria
- Recordar información importante
- Los estudios, los exámenes y a los estudiantes

INVOCACIÓN

En cualquier momento que te sientas contrariado, pide a Zadkiel que intervenga:

«Arcángel Zadkiel, por favor, ayúdame a sanar mi corazón. Si me cuesta perdonar, por favor, ayúdame a hacerlo plenamente. Si hay algo que no estoy viendo, por favor, ayúdame a ver con claridad. Si necesito tener compasión, por favor, llena mi corazón de misericordia. Si estoy preocupado o ansioso, por favor, llena mi corazón de fe y serenidad. Ahora os entrego totalmente esta situación a ti y a Dios, y confío en que tu poder sanador se ocupará de todos los detalles con gracia, armonía y sabiduría divinas. Gracias.»

Artemisa

(Grecia)

También conocida como *Artemis Calliste, Delia, Luna, Madre Artemisa, Phoebe.*

Artemisa, una diosa griega lunar nueva con similitudes con la diosa romana Diana, es la hija de Zeus y Leto. Apolo es su hermano.

Conocida como la «Cazadora de Almas», Artemisa lleva un arco y una flecha y pasa la mayor parte del tiempo en la naturaleza con las ninfas del bosque. Protege a cualquiera que la invoque y defiende particularmente a las muchachas solteras, a los niños y a los animales. No obstante, siempre lo hace sin violencia, utilizando la sabiduría como única arma. Se la considera una diosa de la naturaleza, la fertilidad y la luna.

Artemisa pone la vista en sus objetivos y, como resultado de ello, es una poderosa manifestadora. Ella nos enseña la importancia de pasar ratos en la naturaleza y de seguir nuestra intuición mientras nos esforzamos por ser unos seres humanos más naturales y auténticos.

Invoqué a Artemisa justo después de la luna nueva.

«*El poder puede ser paralizante*», replicó esta mujer con aspecto de duende, pelo corto, un hermoso rostro de grandes ojos y orejas ligeramente puntiagudas en su parte superior. Parecía estar encantada de cazar algo, pero sabía que no se trataba de un animal o una persona. Entonces, Artemisa me dijo que estaba cazando el oro metafórico: «*Persigo la sabiduría y experiencias que más adelante podré contar a los niños en forma de cuentos de hadas. Actualmente, lo que más me interesa es ayudar a que la sabiduría aumente en las próximas generaciones. Los niños están inseguros de cuáles son sus fronte-*

ras y sus límites. Saben que tienen un poder que puede superar al de sus padres, de modo que se contienen, pues no desean liberarlo por temor a sobrepasar a sus guardianes adultos.

»Hoy en día, los niños se sienten inseguros a menos que sus progenitores sean más poderosos que ellos. Esa es la razón por la cual trabajo de forma dual junto con los padres de los jóvenes. Los animo a no perpetuar una batalla de voluntades con sus hijos, sino a asumir su poder por el bien de la propia conciencia de sus niños y para que equilibren y utilicen su poder con amor.»

Ayuda a:

- Los animales y la vida salvaje
- El camping y el excursionismo
- Los niños, especialmente a las niñas
- La fertilidad, la concepción de un bebé y la adopción
- La intuición, aumentándola y honrándola
- Adquirir poder, especialmente femenino
- Recibir protección

INVOCACIÓN

Sal al exterior para invocar a Artemisa (preferiblemente, colócate de pie sobre la tierra, la arena o el césped). Luego di:

«Artemisa: solicito tu compañía y tu orientación para que me ayudes a abrir mi intuición natural y mi fuerza y poder femeninos, los cuales residen en todo hombre y toda mujer. Abro los brazos a tu amistad y liderazgo. Ayúdame a volver a conectar con la naturaleza y con mi ser natural. Ayúdame a honrar mis auténticos sentimientos y a defender lo que sé que es verdad en lo más profundo de mi corazón. Ayúdame a ser fuerte, sabio/a y hermoso/a en todos los aspectos. Gracias.»

Ashtar

(Nueva Era)

También conocido como *Comandante Ashtar*.

Ashtar es un mediador con aspecto humano que trabaja con los extraterrestres y los seres humanos, ayudando a crear un Universo de paz.

Ashtar es miembro de la Gran Hermandad Blanca (véase el Glosario) y trabaja estrechamente con Jesús, el arcángel Miguel y Saint-Germain. Como si fuera un portero de discoteca, protege a la Tierra de visitantes o energías negativos procedentes de otros planetas. Se dedica a garantizar la paz entre las poblaciones del planeta a través de la Federación Intergaláctica. Además, dirige a un grupo de seres humanos y extraterrestres llamado «el Comando Ashtar».

La misión de Ashtar consiste en prevenir una guerra nuclear en la Tierra, la cual tendría un efecto onda negativo en muchas galaxias. Él desea ayudar a los seres humanos a alcanzar su máximo potencial (el proceso conocido como *ascensión*) y a estar completamente enfocados en el amor divino. Ashtar los guía para que salgan del pensamiento tridimensional que cree en los límites y las restricciones y que se centra en la medida del tiempo. Además, ofrece orientación personal sobre cómo permanecer a salvo y sereno durante los diversos cambios que están teniendo lugar en la Tierra.

Yo intenté contactar a Ashtar en varias ocasiones y me dijeron que el mejor momento para hacerlo era durante una noche clara y estrellada, o volando en avión a una gran altitud. De modo que decidí combinar las dos cosas y comunicarme con él una noche, ¡mientras volaba a 30.000 pies de altura!

He visto a Ashtar y he percibido su presencia con muchos de mis clientes, especialmente con aquellos a los que llamo «personas estrella» (aquellas que tienen una conexión con otras galaxias). Es un hombre pálido con pelo blanco que aparece retratado en la carta de «Apoyo» en la baraja de mi oráculo llamado *Healing with the Angels* y en la portada de mi libro sobre las «personas estrella» titulado *Earth Angels*.

«*Estoy aquí* –me dijo Ashtar cuando nuestra conexión terminó de establecerse–. *Antes de poder oírme, me sentiste como un amor cálido. Vengo de una dimensión distinta, una que tu mente consciente (mientras existe en el pensamiento tridimensional, deformado por el tiempo) no puede comprender tan fácilmente como lo hace tu alma durante los viajes nocturnos en que nos visita para recibir una educación superior.*

»*No invadiré vuestras misiones, pero si me necesitáis, ahí estaré. Prometo que os mantendré a salvo de toda invasión exterior.*»

Ayuda a:

- Comprender y mantener una interacción pacífica con los extraterrestres
- Los cambios que se producen en la Tierra
- Tener un pensamiento profundo
- Recibir protección
- Liberarnos del miedo
- La comprensión espiritual

INVOCACIÓN

Es más fácil conectar con Ashtar durante la noche, cuando las estrellas brillan en el cielo. Mantén en tu mente la intención de contactar con él y vendrá a ti. Si tienes miedos en relación con los extraterrestres, la presencia de Ashtar frente a ti será sutil, pues es un ser amoroso que no desea provocar ningún tipo de temor.

Atenea

(Grecia)

También conocida como *Pallas Atenea, Athene.*

Las raíces de Atenea son antiguas y multiculturales; no obstante, es más conocida como la diosa guerrera griega de la sabiduría, los asuntos domésticos y las artes y oficios.

Atenea es la hija de Zeus y su templo era el Partenón. Las leyendas hablan de su valentía y su sabiduría intuitiva durante las batallas. En las representaciones artísticas, Atenea suele aparecer con peto, escudo y espada, a menudo en compañía de un búho. Esta ave está asociada a ella, quizá por su sabiduría.

Cuando lleva el título adicional de «Pallas», Atenea es conocida como una diosa guerrera protectora y alguien que inspira a las mujeres a exhibir su fuerza interior y a tener el valor para mantenerse firmes. Ella anima a los seres humanos a utilizar su sabiduría intuitiva para solucionar las disputas, en lugar de usar la ira o la violencia.

En las enseñanzas de la Nueva Era, Pallas Atenea está considerada una maestra ascendida del quinto rayo de luz, que es el concerniente a la veracidad y la integridad.

Cuando invoqué a Atenea, vi a una hermosa mujer de pie en un carro unipersonal con muñequeras de metal y un tocado. Su energía era muy intensa y ella estaba pintando, como si acabara de terminar una tarea de gran importancia.

«*Ningún trabajo es demasiado grande para mí* –dijo francamente–. *Soy una señora que consigue que el trabajo se realice en su totalidad. Suelo delegar en los seres estrella.*»

Atenea señaló en dirección a las estrellas en el cielo, refiriéndose a ellas como seres vivos dulces con almas de niños inocentes y amorosos que están dedicados a ayudarla. «*El universo entero respira* –dijo en respuesta a mis preguntas no expresadas sobre las estrellas–. *Resuena con vida, y no hay ningún lugar en el que no haya vida; es un patrón continuo de energía siempre en movimiento, que está en todas partes, sin excepción. Y así es como manejo las tareas que debo realizar: dando órdenes a la energía con el toque firme y amoroso de una progenitora decidida. Tú puedes hacer lo mismo.*»

Ayuda a:

- Resolver las disputas
- Las artes y a los artistas
- Los oficios y a los artesanos
- Que se haga justicia
- Obtener protección física y psíquica
- Evitar y acabar con las guerras
- La narración y a los escritores

INVOCACIÓN

Una manera de invocar a Atenea es diciendo:

«Atenea, por favor, necesito tu ayuda y solicito tu poderosa presencia. Querida hermana, pido tu intervención en mi vida. Por favor, infunde a cada parte de mi existencia una fuerza garbosa: a mis pensamientos, movimientos, relaciones y a todas las situaciones en las que participo. Te pido que ayudes a mis amigos y a mi familia a aceptar y honrar mi poder recién descubierto. Por favor, ayúdame a aprovechar y utilizar esta fuerza de una forma pacífica y amorosa. ¡Gracias!»

Babaji
(Himalaya)

También conocido como *Mahavatar Babaji, Shri Babaji*.

Babaji se hizo famoso por el libro de Paramahansa Yogananda, *Autobiografía de un Yogui*, y se le conoce como «el avatar inmortal» porque superó las limitaciones físicas relativas a la duración de la vida humana. Se dice que no murió, sino que ascendió con su cuerpo físico. Se han escrito muchos relatos que dicen que se ha aparecido físicamente ante algunos buscadores espirituales. Sin embargo, normalmente suele acudir junto a las personas que lo invocan en el plano espiritual, y ellas «oyen» a Babaji a través de pensamientos, sentimientos o visiones.

La misión de Babaji es acercar la humanidad a Dios y hacer la voluntad del Creador. Él anima a las personas a seguir su propio camino espiritual y dice que todas las religiones conducen a Dios. Alentó a Yoganaada a llevar el Kriya Yoga (que incorpora 18 posturas, también conocidas *asanas* o *mudras*) a Occidente. El Kriya es conocido como un instrumento de iluminación y es posible que haya ayudado a encender la chispa de la actual popularidad del yoga.

Ayuda a:

- Superar o reducir las adicciones y las ansias
- Los ejercicios respiratorios
- Mantener una comunicación clara con Dios
- La manifestación

- Desprendernos de la materialidad
- Obtener protección contra la persecución religiosa
- La simplificación de tu vida
- El crecimiento espiritual
- La práctica del Yoga

Invocación

Pronuncia el nombre de Babaji varias veces, sintiendo la energía de su nombre en tu corazón. En su autobiografía, Yogananda decía que si dices el nombre de Babaji con reverencia, él te bendice directamente. Me dijo que la mejor manera de contactarlo es mientras estamos haciendo ejercicios respiratorios y yoga. Babaji dijo que él es uno con toda respiración y que cuando inhalamos conscientemente y exhalamos profundamente estamos conectando conscientemente con él.

Brígida
(Irlanda, España, Francia y Gales)

También conocida como *Brid, Brighid, Santa Brígida, Brigantia, Maria de los gaélicos, Bride, Brigid.*

Brígida es una diosa guerrera que ha conseguido un equilibrio perfecto entre la feminidad y el poder firme. Dependiendo de a quién se lo preguntes, su nombre significa «la brillante», «la flecha brillante», o «la poderosa». Todos estos nombres describen a Brígida a la perfección.

Originalmente, Brígida, una diosa celta sumamente respetada, era muy popular en la antigua Irlanda. En la ciudad de Kildare se construyó un santuario en su honor, en el cual las mujeres cuidaban de una llama que ardía continuamente. En el siglo V, fue adoptada por la iglesia Católica y pasó a ser Santa Brígida.

Brígida es el equivalente femenino del arcángel Miguel, pues protege ardientemente y purifica amorosamente a todos aquellos que la invocan. Al igual que Miguel, inspira orientación divina e información profética. Es medio hermana del dios celta del amor, Aengus, ya que comparten la misma madre. Brígida es conocida como una triple diosa de la llama que utiliza su fuego para ayudar a purificarnos y para aumentar la fertilidad, la creatividad y para favorecer la curación. «Triple diosa» significa que tiene tres personalidades o aspectos diferentes, como si se tratase de tres personas distintas, cada una de ellas con unos deberes y especialidades específicos.

Brígida es una diosa solar asociada al fuego. Cuando esté en tu presencia es posible que sientas calor y que empieces a sudar. Brígida es celebrada cada primero de febrero en un acontecimiento originalmente conocido como «*Imbolc*», el rito para anunciar la llegada de la primavera y para dar la bienvenida al nacimiento de ganado.

Invoqué a Brígida estando sentada junto al Mar de Irlanda en una cálida tarde de verano, y apareció como una apasionada pelirroja con un hermoso cabello largo y ondulado. Al principio me asombró su intensidad, pero iba acompañada de una amorosa seguridad, como el sol que se limita a arder sin ningún atisbo de ira, temor o urgencia. Brígida me recuerda a una combinación de la Virgen María, con su grácil amor femenino, y el arcángel Miguel, con su serio compromiso con el propósito y la protección. Es una «super mamá», accesible y cariñosa, pero ferozmente protectora a la vez, sin falta. Me da la impresión de que nada puede escapar al poder y la energía impecablemente protectora de Brígida.

«*Soy la personificación de la devoción apasionada a las buenas personas del planeta Tierra —dice—. En una época viví en él y me rompieron el corazón de muchas maneras, con actos insensibles y desconsiderados hacia mí, hacia mi pueblo y la tierra. El resto de mi tiempo lo dediqué a intentar comprender la naturaleza humana. Ahora entiendo la 'naturaleza de la bestia', por así decirlo, que hay en el corazón humano. Veo que su fragilidad reside en la indecisión y la preocupación. Por lo tanto, entregadme vuestras preocupaciones y me las llevaré conmigo.*

»*La humanidad está cargada de dolor por la pérdida de la inocencia* (Nota de la Autora: A mi parecer, esta frase hacía referencia a lo que vino después del 11 de septiembre) *y las diversas rivalidades que han sido inventadas e impuestas. Estas fronteras son artificiales, y el comité con el que yo trabajo está intentando borrarlas para crear unidad y salvación. En esta época, es esencial la devoción a la unicidad, la concentración unidireccional en el Uno. Dentro de cada uno de nosotros hay un salvador. Aprende a invocar a tu salvador interior para contrarrestar las preocupaciones y la intranquilidad. Observa cómo interviene silenciosa y discretamente esta deidad interna.*

»*Esta labor nos une a todos: a nosotros, los que supervisamos la Misión a gran escala, y a todos aquellos habitantes del planeta que dese-*

an intensamente traer bondad a su hogar. Este trabajo en equipo está construido en el marco y la comprensión de nuestra unicidad. No resulta difícil entender la mecánica de estas operaciones, pues están orquestadas para vuestro mayor bien. Yo las llamo las labores de 'salvación interior'. En lugar de concentraros en mejorar las situaciones externas y las vidas de otras personas, probad esto: entrad dentro de vosotros y explorad la misión interior, el territorio interior, las deidades interiores.»

Ayuda a:

- Aumentar la valentía (especialmente en las mujeres)
- Encontrar el propósito en la vida, y dirección
- Obtener protección
- Que haya calor en las relaciones, el cuerpo y el entorno

INVOCACIÓN

Puedes contactar con Brígida en cualquier momento. No obstante, es especialmente efectivo sostener una vela y contemplar su llama mientras uno dice:

«Gran Brígida, sé que en cuanto pienso en ti, tú me escuchas. Solicito tu presencia y tu ayuda. Por favor, dame tu valentía y tu poder para que pueda elevarme hasta lo más alto de mis capacidades. Por favor, calienta mi corazón y mi mente con tu brillo y quema todos los pensamientos, sentimientos o comportamientos que bloqueen el camino hacia mi potencial divino. Ayúdame a tener el valor para ser lo mejor que puedo ser y para perder el temor a ser poderoso/a.»

Buda
(Asia)

También conocido como *Siddharta, Buda Gautama, Señor Gautama.*
El nombre Buda significa «el Iluminado» o «el que ha despertado».

Nacido durante la luna llena, un 8 de mayo (el año exacto se desconoce, pero se cree que fue el 500 a de C.), el príncipe Gautama Siddharta creció tras los muros de un palacio, en medio de la riqueza, con todas su necesidades cubiertas. Cuando se hizo mayor y finalmente salió del recinto, se sorprendió al ver gente pobre, enferma y anciana, personas cuya existencia desconocía. Decidido a aliviar el sufrimiento que había observado, el príncipe renunció a su título real y a la riqueza y abandonó el palacio.

Sin embargo, la vida ascética de Siddharta no le proporcionó la iluminación absoluta que deseaba, de modo que se sentó bajo un árbol y juró que no se levantaría hasta estar completamente iluminado. Inhaló y exhaló profundamente durante una noche de luna llena, disipando los deseos corporales y los pensamientos de temor. Una vez derrotadas estas energías inferiores, comenzó a recordar sus vidas pasadas.

Esto le ayudó a ver la naturaleza infinita de la vida y comprendió cómo se podía superar la infelicidad, el sufrimiento y la muerte. Cuando se puso de pie, ya era un Buda.

Las enseñanzas de Buda para desprendernos del sufrimiento a través de la paz interior se convirtieron en la base del budismo. Puesto que había experimentado los dos extremos de la vida (como príncipe rico y como asceta), propuso que la clave de una vida feliz era «el Camino del Medio», o la moderación en todas las cosas.

Es posible que te resulte más fácil sentir a Buda que oírlo. Cuando lo invoques, probablemente sentirás que tu corazón se llena de un amor cálido. Ésa es su tarjeta de visita, una señal de que has conectado verdaderamente con su amorosa presencia.

Ayuda a:

- Conseguir equilibrio y moderación en todas las cosas
- Tener alegría
- La paz, interior y mundial
- El crecimiento y la comprensión espirituales

INVOCACIÓN

Siéntate en silencio y concéntrate en el sonido de tu respiración. Nota cómo se hace más lenta mientras escuchas. Siente y oye los latidos de tu corazón en conjunción con tu respiración. Imagina que hay una puerta mágica en lo más profundo de tu interior. Es hermosa y está decorada con símbolos poderosos y con cristales.

Desde tu corazón, pide conectar con Buda. Luego imagina que abres la puerta y lo ves dentro de ti. Sigue respirando profundamente, sintiendo tu conexión con el amado Buda a través de la respiración.

Llena tu corazón con su dulce bondad, su suave poder y su certeza. Siente la seguridad y la paz que llegan al estar en su presencia. Hazle cualquier pregunta que quieras, siente la respuesta en tu corazón y en tu cuerpo y oye cómo es susurrada en tu mente. Fíjate que todas las palabras de Buda están expresadas con el más absoluto respeto hacia ti y hacia todas las personas implicadas. Cuando vuestro encuentro llegue a su fin, dale las gracias.

Cordelia
(Inglaterra, Gales, Irlanda)

También conocida como *Creiddylad, Creudylad.*

Cordelia es una hermosa diosa de la primavera, de las flores estivales y de las hadas de las flores. Shakespeare la retrató como la hija del Rey Lear en la obra que llevaba el mismo nombre, pero en realidad es hija de Lir, el dios del mar, de modo que nació como diosa del mar.

Cordelia es alabada el primero de mayo, durante *Beltane*, una antigua celebración que señalaba el inicio del verano, cuando el tiempo es suficientemente cálido para que los ganaderos dejen salir a los animales a los campos.

Cordelia vino a mí mientras me encontraba sentada en los terrenos Stonehenge, apoyada contra una de sus antiguas rocas, y me transmitió el siguiente mensaje:

«Alegría entretejida con la antigua sabiduría celta: yo tejo la sabiduría estelar de las energías astrales con una infusión de polvos sobrenaturales de polen terrestre de los sabios de la naturaleza. Soy un instrumento de contradicción: la tierra y el cielo, el amanecer y el atardecer, el frío y el calor. Los extremos sin término medio son una combinación poderosa. Siéntelos en lo más profundo de tus huesos ancestrales, conectados a la Madre Suelo (lo que vosotros llamáis la Madre Tierra). Vuestros huesos provienen de ella y, en un circuito continuo, volverán a ella una vez más.

»Siente la libertad de liberarte de las preocupaciones terrenales y caminar por el centro, entre la Tierra y sus estrellas, sin que nada te importe, excepto la alegría, el regocijo y jugar, mientras yo te enseño cómo satisfacer todas tus necesidades terrenales.»

Ayuda a:

- Las celebraciones
- Tener valentía
- La jardinería y las flores
- Tener alegría
- Los cambios en la vida
- El manejo del estrés

INVOCACIÓN

Invoca a Cordelia siempre que te sientas estresado o encerrado bajo techo. Puedes «escapar» de la rutina de la oficina cerrando los ojos e imaginando que estás con ella en un campo de flores durante una tarde de primavera perfecta. Dile mentalmente:

«Hermosa Cordelia, acudo a ti como un/a amigo/a que necesita pasar un poco de tiempo lejos de las obligaciones y las responsabilidades. Por favor, toma mi mano y dame aire fresco, libertad y la fragancia de las flores. Llévame lejos para que tenga ese descanso que tanto necesito. Renueva mi espíritu y llena mi corazón de alegría, risas y juego. Ayúdame a llevar esta energía elevada en mi corazón y en mi mente durante el resto del día. Ayúdame a acercarme a mis responsabilidades con alegría. ¡Gracias!»

Coventina
(Reino Unido)

Coventina es una diosa celta que supervisa a los duendes y ninfas del agua. Es la diosa de la lluvia, de los ríos, de los lagos, los arroyos, las charcas, los mares y las criaturas que viven en el agua. Le encantan los *cattails* y las hojas de nenúfar que hay en los márgenes de los ríos. Coventina sana a todo aquel que nada en el agua mientras la invoca. Además, ayuda al crecimiento de la vegetación que hay cerca de las playas, los ríos, los lagos y las islas.

Debido a su relación con el agua, Coventina puede entrar a nado en los dominios psíquicos y ayudar aportando inspiración, habilidades clarividentes, sueños y profecías. También está asociada a la purificación y la limpieza, y puedes invocarla para un bautizo espiritual para que te libre de las preocupaciones y los juicios, y para que te ayude a alejarte de las sustancias adictivas y dañinas para la salud.

En la antigüedad, la gente lanzaba monedas a un pozo asociado a Coventina para pedirle ayuda. (Se cree que éste es el origen de la expresión inglesa «*whishing well*»). Debido a la abundancia de monedas que se acumulaban, Coventina representa la abundancia en todas sus formas. La leyenda también la relaciona con los peces voladores y actualmente uno la puede invocar para tener un vuelo en avión libre de peligros y de temor.

Dado que a Conventina se la considera, principalmente, una divinidad británica (aunque ayuda en todo el mundo), me pareció que Stonehenge, el antiguo templo de piedras circular que está al sur de Inglaterra, era un lugar apropiado para comunicarme con ella. «*Ayudaré a cualquier persona que trabaje para el bienestar ecológico* –dijo–, *especialmente en lo relacionado con la limpieza del agua, su conservación y sus habitantes, y con temas de escorrentía. Yo estoy dedicada a las ballenas, los delfines y los cetáceos.*»

Ayuda a:

- La abundancia
- Los delfines y los cetáceos
- La ecología
- La sanación con agua
- Las habilidades psíquicas y a profetizar
- Purificar y limpiar
- La natación
- La limpieza y el suministro de agua

Invocación

Coventina trabaja con nosotros mientras soñamos, siempre y cuando la invoquemos antes de ir a dormir. Ella traerá consigo a los seres superiores de los delfines y las ballenas. Juntos, te transmitirán mensajes de alto nivel que quizá no recuerdes a la mañana siguiente, pero cuya información se incorporará a tu mente subconsciente, donde te ayudará proporcionándote respuestas y orientación. De modo que, antes de ir a dormir, dile:

> «Coventina, te pido que entres en mis sueños esta noche con tus compañeros delfines y ballenas y me lleves por encima del plano tridimensional hasta el lugar donde se encuentran las respuestas y la sabiduría. (Hazle cualquier pregunta que desees que sea respondida durante la noche). Gracias por tu ayuda y tu fuerte apoyo.»

Damara
(Reino Unido)

El nombre Damara significa «apacible». Ella es una dulce y dócil diosa de la casa y el hogar que ayuda a la armonía familiar; es decir, manteniendo una energía sosegada en el ámbito doméstico. Damara también nos asiste en la manifestación de dinero para ayudar a pagar los gastos familiares.

«Estoy feliz de sanar, guiar y ayudaros a sentir el calor del amor, la pasión y el cariño profundo que no están contaminados por el miedo o la preocupación –dice–. También me alegra ayudar a sanar los cortes, las contusiones y los sentimientos heridos de los niños. Estoy especialmente disponible para ayudar a las familias que tienen hijos pequeños. Guiaré de buena gana a las madres en la toma de decisiones para el bienestar de los suyos. Y si una mujer está considerando si debe, o no, divorciarse o abandonar al padre de sus hijos, puede invocarme para recibir información y asistencia.»

Ayuda a:

- Tener abundancia, especialmente para las necesidades del hogar
- Los niños, guiándolos y sanándolos
- Mantener la paz en el hogar
- La manifestación, especialmente para la familia y las necesidades del hogar

Invocación

Invoca a Damara siempre que necesites ayuda con las relaciones en el hogar, incluyendo la relación con tu pareja, tu compañero/a, la persona que comparte vivienda contigo, tus padres o tus hijos; en otras palabras, si necesitas su intervención con cualquier persona con la que estés conviviendo. He aquí un ejemplo de cómo contactarla. Cierra los ojos y piensa:

> «Damara, necesito tu ayuda ahora mismo, ¡por favor! Te pido que acudas junto a (nombre de la persona de tu casa con la que necesitas que te ayude) y le comuniques mi deseo de paz y armonía. Por favor, haz que (nombre) sepa que soy una persona amorosa, con buenas intenciones. Por favor, ayuda a (nombre) para que deje de juzgarme, y ayúdame a hacerlo yo también. Damara, te pido que llenes nuestro hogar con tanta energía de amor que no pueda existir ninguna otra cosa. Todas las personas que entren en él serán sanadas. Estoy muy agradecido por esta intervención, Damara.»

Dana
(Irlanda)

También conocida como *Danu, Dañan.*

El nombre de Dana tiene su raíz en la antigua palabra irlandesa *Dan,* que significa «conocimiento». Es una poderosa diosa creadora celta y se cree que es un aspecto de Gran Madre del Creador Divino.

Los historiadores afirman que es la deidad celta con raíces más antiguas, muy estimada por los *Tuatha Dé Danaans* pre-gaélicos, un grupo de alquimistas de Irlanda. La leyenda dice que cuando los gaélicos llegaron a dicho país, los *Tuatha Dé Danaans* se convirtieron en los duendes que actualmente lo habitan.

Cuando invoqué a Dana mientras me encontraba sentada sobre un peñasco con vistas al mar de Irlanda, lo primero que vi fue una chaqueta como la que llevaría un rey: regia y enjoyada. A continuación, vi la corona de un rey. «¡Pero si Dana es una deidad femenina!», protesté mentalmente. Luego la vi, no con el aspecto que yo esperaba que tuviera (en mi imagen mental parecería la tía excéntrica de alguien). En lugar de eso, vi a una mujer sensata, de aspecto joven, que emanaba sabiduría e inteligencia.

Dana colocó la corona sobre mi cabeza y la chaqueta sobre mis hombros. Empecé a protestar, pero me detuvo. «*Sois todos realeza* —explicó Dana, refiriéndose a toda la humanidad—, *y tenéis que permitirme el honor de dignificaros a todos con mis servicios.*»

Comprendí que Dana no quería decir que realizaría todos los actos de manifestación por nosotros, pero me aseguró que su energía estaba «*mágicamente entrelazada con cada acto de manifestación mágica».* Luego dijo: «*Recuerda que sólo soy otro aspecto de Dios y que vuestro maestro occidental, Jesús, os enseñó que todos sois dioses.*»

Dana me mostró longitudes de onda de energía entrelazadas como líneas paralelas de soga y me dijo que cada uno de nosotros formaba parte de ellas. A menudo, su longitud de onda era la base, los cimientos, o la línea de apoyo de una energía sobre la que podíamos descansar. «*Dejad que la naturaleza siga su curso mientras hacéis milagros*» añadió. Y, una vez más, enfatizó que todos somos reyes, reinas, dioses y diosas... deidades por derecho propio: «*Sois deidades en vías de formación, pues probáis vuestras habilidades acompañados por seres como yo.*»

Ayuda a:

- Tener abundancia
- La alquimia y la magia divina
- Los niños, la fertilidad y la maternidad
- Encontrar y trabajar con el reino elemental (especialmente con duendes)
- La valoración, la autoestima y a sentirnos merecedores

INVOCACIÓN

Ponte, mira, o sostén en tu mano algo que te haga sentir rico/a o, mejor aún, que perteneces a la realeza. Esto podría implicar ir a una joyería y probarte un anillo bonito, o contemplar la fotografía de un estado de opulencia. Imagínate que tienes recursos ilimitados y siéntete como si tuvieras una seguridad económica absoluta. Incluso si sólo consigues imaginarlo y experimentarlo durante unos breves momentos, es suficiente. A continuación, dile mentalmente a Dana:

«Gracias, Dana, por prestarme tus habilidades mágicas, las cuales utilizo ahora al servicio de la alegría, la diversión y el apoyo a mi misión divina. Gracias por tu generosidad al enseñarme a aceptar estos recursos y a disfrutar de ellos. Gracias por ayudarme a recibir sin sentirme culpable y a saber que merezco esta atención y este apoyo, y que a la larga me permitirán ayudar al planeta.»

Devi
(India)

También conocida como *Ambika, Ghavati, Devee, Ida, Shakti*.

Devi es una diosa hindú o védica que es conocida como la madre «Universal» o la «Gran» madre. Ella es la «Madre» en ese término *Dios Madre-Padre*, la energía femenina de Dios. Por ende, Devi es la personificación del poder divino: absoluto, creativo y compasivo. Es una de las diosas más importantes y poderosas de la India.

En ocasiones, el término *Devi* se utiliza de una forma genérica para describir a cualquier diosa. Todas las diosas son consideradas aspectos de la Única Devi, que es la energía femenina del Único Creador.

Cuando invoqué a Devi sentada sobre un peñasco con vistas al océano Pacífico en la costa Kona, en Hawai, primero sentí una energía maternal que me alimentaba con una sustancia de sabor dulce. Era como si mi madre me estuviese dando algo especial.

Entonces Devi dijo: «*Permíteme que endulce tu paladar* (algo similar a limpiar el paladar) *para que puedas saborear, oír y comprender plenamente mi alegre mensaje. La limpieza es un primer paso fundamental, pues permite que entren mensajes incluso más grandiosos de amor.*

»*Deja de lado todo pensamiento sobre las posesiones terrenales mientras oyes mi llamada. El mundo necesita que ayudes a aliviar la pena que impregna la esencia misma de las almas de los demás. Estoy empujándote a la compasión en acción: dar los pasos necesarios para sanar la dolorosa tristeza del mundo.*»

»*Mi corazón se llena de amor y gratitud por aquellos que ayudan con su servicio y su bondad a las personas que lo necesitan. Una pérdida no puede destrozarte cuando tu corazón está ocupado en ayudar a los demás. Cuando estás sintonizado con el servicio a otras personas, sales de tu ensimismamiento.*

»*Estoy aquí para servir a tu lado, para que puedas alimentar los corazones y los cuerpos hambrientos del pueblo. Quiero proteger a tus hijos para que no desconfíen del amor y congelen sus corazones. El infierno es, literalmente, cuando los corazones de las personas se congelan y las vuelven frías e inútiles, e impidiéndoles participar en la canción del corazón del planeta.*

»*Muchos individuos están empezando a sentirse intranquilos en esta coyuntura y necesitan que se les guíe hacia la nueva atmósfera que abarca el amor y todas sus manifestaciones.*»

Ayuda a:

- Liberarnos de las adicciones y desintoxicarnos
- Encontrar más sentido en la vida y en la profesión
- La purificación del cuerpo y la mente
- Las relaciones, en todos sus aspectos

INVOCACIÓN

La mejor manera de contactar con Devi es sentándote a solas en la naturaleza, ya sea en una silla cómoda, o sobre la arena, la hierba o la tierra. Rodéate con tus propios brazos e imagina que Devi se une a ti, dándote un abrazo. Siente su amor en tu corazón y en tu cuerpo, y absórbelo profundamente con una larga inhalación y una lenta exhalación. Pídele mentalmente que entre en tu corazón, en tu mente y en tu cuerpo y que te purifique eliminando cualquier toxina, dureza, opacidad o endurecimiento de tus sentimientos. Siente que sus rayos de energía amorosa son dirigidos hacia tu cuerpo y sabe que está purificándote cuidadosamente de la manera más concienzuda, pero con suavidad. Cuando ella libere las energías inferiores, es posible que experimentes unas ligeras sacudidas. Cuando sientas que tu cuerpo está calmado, permanece en comunión mental con Devi tanto tiempo como te resulte cómodo. Pídele que te ayude a ponerte de pie y siente cómo se renueva la energía en tu cuerpo. Dale las gracias a Devi y proyecta estar con ella a menudo.

Diana

(Roma)

También conocida como *Diana de Éfeso*.

Diana es una diosa lunar que ayuda a la fertilidad y la abundancia, y comparte atributos similares a los de la diosa griega Artemisa.

Hija de Júpiter, el dios principal, a Diana se la conoce como la diosa del parto porque su madre la parió sin dolor. Inmediatamente después de su nacimiento, Diana ayudó en el parto de su hermano mellizo, Apolo.

Diana está asociada al baño y la purificación. En el Templo de Diana, en Éfeso, Turquía (uno de los más grandes de la antigüedad y que es mencionado en la Biblia, en Hechos 19), sus seguidoras realizaban un ritual de lavado de cabello ante su altar.

Diana pasa mucho tiempo con los elementales y con las ninfas de los bosques. Le gustan especialmente las mujeres, y también ayuda a las lesbianas en sus relaciones y sus problemas con la sociedad. Normalmente se la representa con el arco y la flecha que su padre le regaló siendo niña, que simbolizan la fuerza y el poder femeninos.

Una noche, cuando la luna estaba creciendo, Diana me dijo: «*Os ayudo* (refiriéndose a todas las personas) *a elevaros por encima de las preocupaciones terrenales, de la misma manera que la luna está suspendida por encima de la Tierra. Debéis ser como la luna, irradiando luz alegremente sobre los demás y luego retirándoos, al igual que la luna nueva, para un descanso personal.*

»La luna no tiene miedo de brillar, ni teme la atención, el ridículo o el rechazo. Estos temores inferiores hunden a los humanos en la

desesperación y la depresión, ¡porque el alma sabe que es capaz de mucho más! Al alma no le gusta estar amarrada o restringida, ¡oh, no! Libérate completamente, para que yo pueda brillar sobre ti como un reflejo de tu santidad manifestada hacia fuera.»

Ayuda a:

- La reproducción, la preñez y el parto de los animales
- El parto, para que no haya dolor
- Conectar con los elementales
- Los intereses de las lesbianas
- Los mellizos o gemelos

INVOCACIÓN

La conexión con Diana es especialmente fuerte en las noches de luna. No obstante, siempre puedes contactar con ella, en cualquier momento:

«Diana, por favor, ayúdame a brillar con fuerza, como tú. Asísteme para que me libere de mis ansiedades respecto al ridículo o el rechazo, para poder disfrutar plenamente de mi propio ser. Llévame a un lugar más elevado, donde pueda servir a la humanidad como un ejemplo radiante de alguien que hace caso de la sabiduría, el amor y la orientación interiores. Ayúdame para que mi vida esté llena, muy llena, de luz. Gracias.»

El Morya
(Sociedad Teosófica, Nueva Era)

El Morya es un nuevo maestro ascendido, registrado por primera vez hacia 1880 por Madame Blavatsky, fundadora de la Sociedad Teosófica, y popularizado una vez más en los años sesenta por Mark y Elizabeth Clare Prophet y otros autores de las «Enseñanzas del YO SOY».

El Morya parece basarse en un hombre real llamado Ranbir Singh, hijo del Rajá Gulab Singh, que gobernó Cachemira en la década de los años 1840. En 1845 se cernió sobre Cachemira la amenaza de la usurpación del poder por parte de los británicos, pero el Rajá les pagó a cambio de que dejaran al país en paz. Cuando murió en 1858, Ranbir se convirtió en Maharajá de Cachemira.

Los historiadores valoran a Ranbir por haber unificado los estados de Nagar y Hunza y por haber creado unas leyes civiles y penales justas y humanas. Ranbir fue bastante popular entre sus súbditos. Murió en 1885, en la misma época en que Madame Blavatsky estaba escribiendo sus libros canalizados sobre los maestros ascendidos. Ella afirmaba haber estado con El Morya en la India y es posible que estuviera protegiendo su amistad con Ranbir adjudicándole un seudónimo.

La Sociedad Teosófica de Blavatsky define el término *Morya* como «el nombre de una tribu *Rajpoot*, llamada así por estar compuesta prácticamente en su totalidad por los descendientes del famoso soberano moryano de Marya-Nagara. La dinastía Moryana se inició con ciertos *Kshatriyas* de la línea Sakya estrechamente relacionados con Buda Gotama, fundadores de la ciudad de Morya-

Nagara en los Himalayas». Blavatsky y, más adelante, Elizabeth Clare Prophet, hicieron referencia al Morya como un «príncipe Rajput» y un «Mahatma tibetano», ambas descripciones aptas de Ranbir.

Cuando invoqué a El Morya, acudió a mi encuentro rápidamente, de una forma de lo más extraordinaria. El hombre al que vi se asemejaba muchísimo a los retratos que Blavatsky había realizado de El Morya, aunque yo no los vi hasta después de haber efectuado mi canalización del maestro ascendido.

«Deja a un lado tus problemas, inquietudes y preocupaciones y acude a mí», me dijo. Un hombre de piel morena, ligeramente robusto, con una sonrisa radiante de amor y los brazos abiertos, apareció ante mí. *«Permíteme que te abrace y realice una transfusión de energía, sustituyendo tu falta de fe con fe.»* Cuando me fundí en su abrazo de «abuelo joven», sentí que mi respiración se hacía más profunda y experimenté una sensación de hormigueo en las manos, las muñecas, las pantorrillas y los pies.

El Morya me explicó que estaba venciendo mis obstáculos internos, los cuales, dijo, eran muros de defensa que yo había construido erróneamente como escudos. *«Es mucho mejor que utilices estos* –dijo, sosteniendo dos escudos bellamente ornamentados–. *Éste es un protector del corazón y este otro es para la parte más estrecha de tu espalda: dos zonas vulnerables para quienes llevan la luz como tú. Mediante una forma de cirugía psíquica instalaré permanentemente estos escudos en lo más profundo del interior de tu ser, protegiéndote de todo mal.*

»Estos escudos harán que los problemas resbalen sobre ti como la mantequilla sobre una superficie caliente». Me explicó que eran un amortiguador para suavizar la impulsividad basada en decisiones emocionales que no están templadas por la sabiduría.

«Estoy tan feliz de que me llamaras. Invito a todas las personas que lean estas palabras a hacer lo mismo. Instalaré escudos si me lo piden, individualmente armonizados con el campo energético de cada una de ellas. Los escudos siempre pueden ser retirados en un instante, sólo con decirlo. No obstante, estoy seguro de que os sentiréis mucho mejor y mucho más anclados al tenerlos y que su instalación os confortará.»

Ayuda a:

- La toma de decisiones
- Tener fe
- Conectar con la tierra
- Obtener protección: especialmente energética y psíquica

Invocación

«Querido Morya, tú que sirves a la luz divina, por favor, ven a mí ahora. Acompáñame al lugar del servicio desinteresado donde se elaboran las asignaciones divinas. Protégeme de los pensamientos negativos de mi propia mente, así como de la energía negativa en general. Ayúdame a permanecer centrado/a en mi compromiso de aprender, crecer, sanar y enseñar con un propósito y una energía positivos. Gracias.»

Forseti
(Nórdico)

También conocido como *Forete*.

Forseti, dios nórdico de la justicia, la imparcialidad, el arbitraje y la reconciliación, cuyo nombre significa «el que preside», apacigua toda contienda; en otras palabras, es el pacificador fundamental. Él es un juez árbitro en el Cielo que escucha los dos puntos de vista en las discusiones y crea soluciones en las que ambas partes salen ganando. Resuelve las diferencias con amor, para que todos los implicados en la disputa original se convenzan de la necesidad de reconciliarse.

Hablé con él al anochecer, sobre las piedras monolíticas del *Joshua Tree National Park*, en California, donde me dijo: «*Estoy aquí, guiando vuestros pasos en cada curva del camino. Las ruedas de la justicia parecen moverse lentamente, pero yo estoy detrás de la escena, trabajando incansablemente para vosotros. Siempre que parezca que os están lanzando impedimentos o anzuelos legales, yo estoy ahí para hacerlos rebotar en el acto. Pensad en mí como si fuese el mejor abogado de la paz legal y la justicia: no cobro nada, hago visitas a domicilio y respondo a vuestras peticiones inmediatamente.*»

Ayuda a:

- Resolver las disputas
- Que se haga justicia
- Resolver los asuntos legales

- La paz
- Obtener protección, especialmente de naturaleza legal
- Los temas relacionados con la verdad

INVOCACIÓN

Invoca a Forseti cuando surjan asuntos legales, o cuando éstos se vean amenazados. Él se pondrá a trabajar para ti de inmediato:

«Querido Forseti, solicito tu intervención en esta situación, para favorecer una conciencia de bondad y de justicia. Gracias por la resolución pacífica de esta disputa, que ahora se está resolviendo completamente.»

Ganesh
(Hindú, India)

También conocido como *Ganesha*.

Ganesh es una deidad con cabeza de elefante que elimina los obstáculos para cualquier persona que solicite su ayuda. Es el dios hindú de la prosperidad y la sabiduría, que también asiste con los proyectos literarios y artísticos.

Existe una gran cantidad de diferentes historias que explican por qué Ganesh tiene cabeza de elefante. En la mayor parte de ellas, se dice que esta deidad perdió la cabeza (quizá debido a la ira de su padre) y que su madre tomó la primera cabeza que encontró (la de una cría de elefante) y la colocó sobre el cuello de su hijo.

En el hinduismo, Ganesh es la primera deidad que se contacta durante la oración. Se recomienda que uno lo invoque antes de dirigir una ceremonia, de empezar a escribir, o de iniciar cualquier empresa en la que uno desee tener éxito.

Ganesh es sumamente amoroso, dulce, educado y amable, pero también es muy fuerte. Es lo suficientemente grande como para hacer arder senderos delante de ti para despejar tu camino, pero está tan lleno de amor y dulzura que no tienes que preocuparte de que su fuerza bruta se vuelva contra ti. Él es análogo al arcángel Miguel en el sentido de que es una fuerza protectora amorosa y leal.

Ganesh es conocido como «el Eliminador de Obstáculos» porque siega cualquier cosa que pudiera estar bloqueando su paso. Piensa en un elefante manso que camina delante de ti, pisoteando la maleza para que tu camino esté despejado. Ése es Ganesh.

En una época, yo estaba teniendo dificultades en los aeropuertos porque los guardias de seguridad me paraban continuamente para abrir y revisar mi equipaje de mano. Dado que mi marido y yo viajamos prácticamente todos los fines de semana, no tardé en empezar a cansarme de estas revisiones frecuentes. Deseaba que el personal de seguridad me ignorara y me dejara pasar sin detenerme, de modo que coloqué una pequeña estatua de Ganesh sobre mi maleta. A partir de ese momento, no volvieron a revisarme.

Ganesh acude de inmediato junto a las personas que lo invocan. En una ocasión, por ejemplo, llamé por teléfono a mi amiga Johnna porque su madre acababa de morir. La estaba consolando cuando, de repente, vi una imagen clarividente de Ganesh junto a ella. Le dije: «Johnna, ¿has llamado a Ganesh?» «¡Sí! –me respondió–, llevo puesto un collar que tiene un medallón de Ganesh. Me he pasado el día frotando su imagen, llamándolo para que esté conmigo.»

«*Veo todos los obstáculos como superables –dice Ganesh–. De hecho, no veo ningún obstáculo, y de eso se trata: todas las barreras que hay en tu camino te las has impuesto tú misma. Representan tu decisión de tener miedo de avanzar. Proyectas tu miedo hacia fuera, enviando tus pensamientos hacia el futuro, preocupada de que pudiera ocurrir esto o aquello. Tus preocupaciones sobre el futuro han creado bloqueos y «hombres del saco» que aparecerán en tu camino. Pero no te preocupes, pues son tu propia creación y puedes hacer que desaparezcan.*

»*Solicita mi ayuda y yo reventaré los globos de oscuras ilusiones. Incluso si has conseguido manifestar el peor de los escenarios posibles, invócame para que yo te sane y te guíe. Todas las formas de pensamiento son, a cierto nivel, un campo de juegos y no importa cuán horrenda sea su apariencia, son igualmente superables. Yo me abro paso a través de ellos con bastante facilidad con mi fe inquebrantable en «todo es bueno, todo es amor». Ése es el único poder que existe. El resto son todas ilusiones irreales. Déjalas ir y conoce la verdad de todas las situaciones: Dios y el amor siempre prevalecen.*»

Ayuda a:

- Tener abundancia
- Los proyectos artísticos
- Que haya paz y armonía en el hogar
- Eliminar y evitar obstáculos
- Los temas de sabiduría
- La narrativa

Invocación

Si no sabes qué aspecto tiene Ganesh, encuentra una representación de él en algún libro o en Internet. Cuando estés familiarizado con su imagen, te resultará fácil invocarlo visualizándolo en tu mente y diciendo:

«Querido Ganesh, gracias por allanar mi camino hoy, haciendo que la armonía y la paz reinen en él. Aprecio que camines delante de mí, eliminando toda obstrucción que pueda impedir mi progreso. Ayúdame hoy a ver las bendiciones que hay en todas las cosas. Gracias.»

Guinevere
(Reino Unido)

También conocida como *Gwenhwyfar*.

Guinevere, cuyo nombre significa «blanca», es una diosa de las relaciones de amor, la fertilidad y la maternidad y, además, trabaja con las hadas de las flores. Su retrato ilustra la portada de este libro.

Guinevere es la triple diosa celta que está detrás de la historia del rey Arturo, Camelot y la Mesa Redonda. En la abadía de Glastonbury, en el sur de Inglaterra, hay dos tumbas señaladas con letreros que indican que el rey Arturo y Guinevere podrían estar enterrados ahí. Esta abadía es mágica, sagrada y en ella abundan las palomas blancas; es uno de mis lugares favoritos en la Tierra. No es difícil imaginar que Arturo y Guinevere quisieran descansar en un sitio tan encantador.

Invoqué a Guinevere en Avebury, que es un antiguo círculo mágico de piedras (similar a Stonehenge, pero mucho más grande) en el sur de Inglaterra. Le pregunté: «¿En qué te gustaría ayudarnos?»

«*Las relaciones románticas son mi especialidad* –replicó Guinevere–, *porque tengo una resonancia de empatía con todas las mujeres que han sufrido el destino de sentir que no son amadas o que no son dignas de amor en su búsqueda de una relación de pareja. Cualquier mujer que sienta que está fuera de lugar 'en un mundo de hombres' (caminando por territorio desconocido) debería explorar este mundo teniéndome como serena compañera.*»

Ayuda a:

- Intensificar y encontrar el amor romántico
- Los asuntos de mujeres

Invocación

Dibuja un corazón y contémplalo mientras invocas a Guinevere para que te ayude con tus inquietudes amorosas:

«Hermana Guinevere, tú aprecias la profundidad del amor que hay en mi corazón y mi capacidad de dárselo a otra persona. Comprendes totalmente mis deseos. Ahora te doy permiso para que intervengas como mi intermediaria romántica, preparándome para una relación maravillosa y abriendo mi corazón y mi mente a un amor profundo impregnado de espiritualidad, respeto, confianza y compromiso. Gracias por ayudarme con mi Único Amor Verdadero sin demora.»

Luego besa el dibujo del corazón y sostenlo contra tu pecho. Imagina que es tu amada Alma Gemela y envíale energía amorosa a esa persona (incluso si todavía no eres consciente de quién podría ser). Pide a Guinevere que te ayude a mantener la fe en el amor romántico.

Hator
(Egipto)

También conocida como *Athor, Athtyr, Hat-hor, Hat-Mehit, Hawtor, Tanetu, La Vaca Celestial, Reina de la Tierra, Madre de Luz, El Ojo de Ra.*

Hator es la antigua y amada diosa egipcia del sol, el cielo, los recién nacidos y los muertos. Sus celebraciones están marcadas por una gran cantidad de bebida, música y baile, de modo que se la considera la patrona de la música, la danza y la alegría. También está asociada a la belleza femenina, los cosméticos, la ropa de moda y las relaciones de pareja.

Hator es una diosa del amor y la fertilidad que ayuda a unir a las almas gemelas, asiste en la concepción, protege a las mujeres embarazadas, actúa como partera y ofrece apoyo en la crianza de los niños. Como diosa de múltiples propósitos, responsable de la alimentación de todos los recién nacidos, así como de ayudar a los muertos a pasar al otro mundo con serenidad, Hator se dividió en siete diosas para poder cumplir con todo. Entonces se la conoció como «las Hatores».

«*Cuando se trata de justicia* –dice–, *el corazón ya sabe cuál es la verdad. De modo que yo no juzgo, simplemente conduzco a la persona hacia su interior, en silencio, para que pueda escuchar la decisión que yace en su corazón.*

»*No estoy aquí para perseguir o interrogar a nadie; ése no es mi papel, en absoluto. Soy más como un guía en el camino más importante, que implica tomar decisiones respecto a '¿Cómo debo vivir mi vida?' Cada momento nos ofrece una gran cantidad de oportunidades para buscar y crecer. El descanso también es una parte de la operación, sin duda.*»

»Pero la indecisión nos aleja de nosotros mismos y, finalmente, de nuestra Fuente-Creador. La indecisión descansa sobre la incapacidad de escuchar y confiar en la voz de nuestro propio corazón. Mi papel, entonces, consiste en enviar mi energía mágica hacia aquellos que solicitan mi asistencia a través de la oración, la preocupación o incluso en una conversación informal.

»Los que están preparados absorben mis rayos, que inclinan la balanza de la indecisión en la dirección de los verdaderos deseos del corazón. Así pues, soy un detector de la verdad; no obstante, depende de cada persona reunir el coraje necesario para ver y vivir su propia verdad.»

Ayuda a:

- Los proyectos artísticos
- La belleza, el atractivo y los cosméticos
- Las celebraciones, la música, las fiestas y el baile
- Los niños, la concepción, el embarazo, el cuidado de los hijos
- Tomar decisiones
- Encontrar un alma gemela

INVOCACIÓN

A Hator le encanta la danza y la música, de modo que, para contactar con ella, pon música y balancéate o baila:

> «Querida Hator, ahora os entrego mi decisión a ti, a mi Yo Superior y al Creador, y os dejo el camino libre. Gracias por ayudarme a tomar la mejor decisión posible para el mayor bien de todos los implicados. Por favor, ayúdame a escuchar claramente la decisión de mi mente y mi corazón, y dame el valor y la energía para seguir esa orientación.»

Horus
(Egipto, Grecia)

También conocido como *Har, Harendotes, Harmakhet, Haroeris, Har-pa-Neb-Taui, Harseisis, Harpókrates, Hor, Horos, Ra-Harakhte.*

Horus es un poderoso dios del cielo y el sol con cabeza de halcón, que representa la fuerza y la victoria. Su padre, Osiris, fue asesinado por su tío, Seth. Su madre, Isis, devolvió mágicamente a Osiris a la vida, justo el tiempo suficiente para concebir a Horus. Luego Seth volvió a matar a Osiris y desmembró su cuerpo para que no pudiese ser revivido. Para evitar los actos asesinos de Seth, Isis dio a luz y crió a Horus en los pantanos de papiro de Buto. Utilizó las habilidades mágicas que había aprendido de Ra y Tot para mantener a su hijo a salvo.

Cuando Horus era un muchacho, luchó contra Seth para vengar la muerte de su padre. Durante la batalla, Horus fue herido en uno de sus ojos. Al final, ganó el trono de la parte superior e inferior de Egipto. Después de eso, Horus pasó a representar la fuerza, la victoria y la justicia. Todos los faraones del antiguo Egipto eran considerados una personificación viviente de Horus.

Horus aparece representado como una cabeza de halcón con un gran ojo (el que no resultó dañado) que simboliza el tercer ojo de la clarividencia. Este ojo que todo lo ve también nos ayuda a ver la verdad en todas las situaciones.

Mi experiencia con Horus (que fue uno de mis guías durante un tiempo) es que no habla mucho; es más un hombre de acción. Coloca su ojo de halcón a la altura de tu tercer ojo, para que actúe como un lente que te proporciona una visión psíquica más clara e información para tu mente sobre cualquier situación. Él te ayudará a ver cuál es la verdad de las cosas en ese momento y te mostrará cómo sanar la situación.

La fórmula mágica sanadora de Horus es ver con los ojos del amor a todas las personas implicadas en una situación. Imagina que son dulces, amorosas y puras... pues lo son en la verdad espiritual.

Ayuda a:

- La clarividencia
- Ser valientes
- Las relaciones madre-hijo
- Tener firmeza
- La visión, física y psíquica

INVOCACIÓN

Puedes invocar a Horus para que te ayude con tu visión espiritual o física. La invocación puede hacerse con los ojos abiertos o cerrados. Cuando la hagas, probablemente sentirás un hormigueo en la cabeza, especialmente alrededor de los ojos y entre las cejas:

«Querido Horus, por favor, préstame tu ojo para que pueda ver con claridad. Solicito tu intervención en mi visión de todas las maneras. ¡Abre mi tercer ojo completamente para que pueda ver espiritualmente como tú! ¡Abre mi visión física para que pueda ver con claridad como tú! ¡Abre el ojo de mi mente totalmente para que pueda ver el plano interior como tú! Gracias por darme una visión clara. Gracias por liberarme completamente del miedo. Gracias por abrir mis ojos totalmente para permitirme experimentar la deliciosa visión de la verdad y la belleza.»

Ida-Ten

(Japón)

También conocido como *Idaten*.

Ida-Ten es el dios japonés de la ley, la verdad, la pureza, la victoria legal y la justicia.

Protector de monasterios, actúa con una velocidad milagrosa. Como mortal fue un joven y apuesto general a cargo de la protección de los monjes budistas y del propio Budismo. Ida-Ten puede proteger contra la persecución religiosa, o ayudarte a evitar la ridiculización de tus creencias religiosas.

Silenciosa como un ratón de iglesia, esta deidad de suaves maneras te susurrará al oído consejos poderosos y provocadores sobre movimientos y maniobras legales. A pesar de ser sumamente ético, Ida-Ten dice: «*Considero que los litigios judiciales son una forma de deporte en la cual el campeón exhibe una inteligencia superior, superando a la otra persona como en un juego de ajedrez.*»

Ayuda a:

- Que haya justicia
- Ganar litigios
- Obtener protección contra la persecución religiosa o espiritual
- La protección de centros espirituales
- Los temas relacionados con la verdad

INVOCACIÓN

Cuando estés finalizando tu prácitca de la meditación, puedes contactar con Ida-Ten para sellarla con una energía positiva. Dile mentalmente:

«Amado Ida-Ten, fuerza amorosa y protectora del Cielo, por favor, envuelve mi proyecto espiritual ahora. Aíslame de toda forma de temor, para que pueda estar libre de cualquier maltrato o de palabras hirientes. No permitas que emita ningún tipo de juicio y ayúdame a caminar en la verdad, al tiempo que evito la controversia. La paz es mi verdadero deseo, Ida-Ten. Gracias.»

Ishtar
(Asiria, Babilonia, Mesopotamia)

También conocida como *Absus, Inanna.*

Madre babilonia y diosa guerrera con múltiples rasgos únicos, que van desde la amabilidad hasta la protección maternal, Ishtar también es invocada para sanar el dolor físico y las enfermedades.

Ishtar está asociada a Venus y hay quienes incluso creen que es la personificación de dicho planeta. Ella muestra abiertamente su sensualidad y ésa podría ser la razón por la cual ha sido juzgada y rechazada por algunos fundamentalistas.

Mientras la invocaba, vi clarividentemente una imagen de mí misma con montones de hormigas caminando cerca de mis pies. Ishtar me mostró que las energías o formas de pensamiento inferiores se asemejaban a una multitud de hormigas y otros insectos que se arrastran por el suelo: nos distraen y nos irritan cuando pasean sobre nuestros pies, pero en realidad no son peligrosas.

A continuación, proyectó un rayo de luz desde encima de mi cabeza hacia abajo, que formaba un círculo a mi alrededor, como si me encontrara de pie bajo una ducha de luz resplandeciente. Las hormigas no podían penetrar en la luz, ni deseaban hacerlo. Se acercaban a ella y rebotaban como si se toparan con una pared de cristal.

Ishtar dijo: «*Permíteme el placer y el honor de cubrirte con este manto de luz, querida. Estoy a tu servicio, y debes saber que esto no disminuye mi capacidad de realizar un servicio humilde. Sé que la profesión más noble es proyectar rayos de luz para hacer que desaparezcan las sombras e iluminar la sabiduría divina más elevada. No te equivo-*

ques: Estoy aquí para aliviar y eliminar el dolor, el sufrimiento y la pena con mi postura protectora.

»Déjame protegerte con mis barreras de luz, que sólo pueden ser atravesadas por el brillo del amor y que filtran todas las formas negativas, dejándolas fuera. Un día nuevo y positivo resplandece para ti mientras mi manto de luz amorosa te cubre. Bébela, cariño. Apaga la sed de tu alma, alejándola del miedo.»

Ayuda a:

- La concepción de un bebé, el cuidado de los hijos
- Sentir compasión
- La sanación, de todo tipo
- La amabilidad
- Las relaciones de pareja y el matrimonio
- Obtener protección contra las energías inferiores
- La sexualidad
- Evitar o acabar con las guerras
- El tiempo

INVOCACIÓN

Mientras hablas con Ishtar, enciende una vela blanca y contempla su llama, o mira fijamente cualquier fuente de luz. Ésta es una invocación especialmente eficaz si acabas de experimentar una situación negativa y deseas liberarte de sus efectos:

«Divina Ishtar, estoy contigo ahora, en medio de la luz pura. Gracias por cubrirme con esta luz y bañarme con la energía del amor. Tengo sed de amor, de modo que, por favor, apaga mi sed ahora. Límpiame de todos los efectos del miedo y libérame completamente de los pensamientos temerosos de los demás. Libérame, libérame, libérame. Intervén en las otras personas implicadas en esta situación y elimina cualquier sentimiento negativo que pueda quedar en ellas. Ahora soy libre, al igual que todas las personas implicadas. Ésta es la verdad. Gracias, Ishtar.»

Isis

(Egipto)

También conocida como *Madre Divina, Diosa de los Misterios, Diosa de la Naturaleza, Isis Myrionynos, Dama dela Magia, Dama de la Sexualidad Sagrada, Señora de la Sabiduría Hermética.*

Isis es una diosa lunar egipcia multifuncional que personifica la feminidad, la maternidad, la magia, la sanación y el poder. Se casó con su hermano Osiris e inició una carrera enseñando a mujeres de todo Egipto las habilidades para el manejo del hogar. Mientras estaba fuera, su otro hermano, Seth, asesinó a Osiris. Al descubrir esto, Isis ayudó a revivir de la muerte a su marido y juntos concibieron a su hijo, Horus.

Los estudiosos egipcios consideran a Isis como la suma sacerdotisa original de la magia. La leyenda dice que ella convenció a Ra de que le revelara su nombre secreto. Cuando Isis lo oyó, tuvo automáticamente el privilegio de recibir una comprensión absoluta de la alta magia. (Tot, dios de la alta magia, la ayudó a pulir y dirigir sus conocimientos). Se dice que Isis utilizaba una varita mágica para sus sanaciones y manifestaciones, y matracas para eliminar las energías negativas y los espíritus inferiores.

Isis está considerada una Reina del Inframundo debido a que resucitó a su marido agonizante (y luego muerto) y también por su trabajo de acompañar a los muertos en general. Sus alas protectoras están grabadas en los sarcófagos egipcios, pues simbolizan su habilidad para renovar las almas de los que han fallecido.

Cuando invoqué a Isis, la oí decir: «*Soy Isis, ¡la reina egipcia del Nilo!*» Y ahí estaba, una mujer hermosa con unas enormes alas de ave extendidas como las de la más grande de las águilas. Era muy femenina, delgada y garbosa: el epítome de la elegancia. Estaba observándolo todo continuamente, con la mirada de un halcón. Pude adivinar que tenía una faceta franca, directa, que expresaba sus poderosas cualidades de liderazgo.

«*Ten paciencia contigo* –dijo en un sentido universal, refiriéndose a todos–, *mientras estás creciendo y aprendiendo. Date las gracias infinitas veces por tus pasos de bebé a lo largo del camino. Aunque puedan parecer insignificantes, son los principales hitos para tu ser interior.*

»*Celebra cada paso* –repitió Isis–, *cuando valoras cada tarea que has acabado, cada gesto de bondad que exhibes, cuando aprecias todo sin importar cuán pequeño pueda parecer, entonces la vida adquiere sin demora la cualidad de una celebración grandiosa. –Esta es la antítesis de la separación de lo Divino y será vuestro elixir mágico para la eternidad.*»

Una bella amiga mía, Insiah Beckman, tuvo una poderosa experiencia con Isis cuando viajó a Egipto en 1999. Desde entonces, ha continuado trabajando con la diosa. Esto es lo que me contó:

«En Egipto, cerca del Templo de Isis, toda la vida y yo fuimos un solo ser. Pude oír hablar al suelo, las piedrecitas, la hierba, el Nilo, los árboles y todo lo que había a mi alrededor. Escuché a estas hermosas voces diciéndome: '¡Bienvenida a casa! ¡Bienvenida a casa! Has vuelto a tu hogar. ¡Aquí es donde viviste hace muchas, muchas, vidas!'»

»A continuación, se me transmitió el mensaje de que debía reclamar quién yo era e iniciar mi trabajo. Entonces supe que había incorporado la energía de la diosa Isis que yo había dejado atrás en mi vida anterior en la Tierra. La energía de Isis es la energía de la Madre Divina, del amor y el cariño de todas las Madres Divinas. Creo que son una, la misma, y que se reencarnan en distintas formas y culturas para encajar en cada época.

»Mi experiencia es esa expansividad que a veces siento, cuando mi corazón y mi campo energético se abren completamente e incorporan a toda la vida con amor y compasión. Mi oración diaria es para que haya amor, paz, entendimiento y respeto entre todas las culturas, razas, religiones y formas de vida. Aborrezco cualquier desarmonía que haga que mi campo energético esté totalmente desincronizado.»

Ayuda a:

- La magia divina
- Obtener belleza, fuerza y poder femeninos
- Tener alegría
- Tener autoestima

INVOCACIÓN

Imagina que Isis está de pie detrás de ti con sus alas de águila extendidas, como si fueran tuyas. Mientras respiras, siente que su poder penetra en ti. Siente la energía amorosa y garbosa de su fuerza. Sé consciente de tus alegres sentimientos de paz mientras dices:

«Bella Isis, diosa del poder sereno, por favor, infúndeme tu fuerza grácil y tu confianza amorosa. Ayúdame a ser como tú: refinada, serena, segura de mí misma y amorosa. Ayúdame a elevarme como un águila de todas las maneras, inspirando y ayudando a los demás mientras vuelo en lo más alto. Gracias.»

Isolda
(Celta)

También conocida como *Esyllt, Iseult, Isolde, Isolt, Ysolt, Ysonde.*

Isolda es la diosa del amor y la pasión en las relaciones que ayuda a incrementar la satisfacción sexual y a encontrar un alma gemela. La princesa Isolda fue la hija de un rey irlandés que vivió durante el reinado de Arturo de Camelot. Las diversas y contradictorias leyendas sobre sus relaciones apasionadas con Tristán, príncipe de Cronwall, la han destinado a ser la diosa de los que suspiran por amor.

La invoqué una mañana brumosa, sentada en un barco invertido que había sido convertido en un templo y tenía vistas al mar de Irlanda. Antes de que algún espíritu se decidiera a hablar conmigo en ese día, las hadas me pidieron que retirara la basura que la gente había dejado sobre la arena. Una vez hecho esto, ellas abrieron el camino para mis transmisiones.

Entonces llamé a Isolda, diosa de la pasión y el sexo, pero se me comunicó que estaba fuera de alcance, «en una frecuencia muy elevada». Finalmente, mientras continuaba invocándola, tuve una visión clarividente que me mostró un arco iris con rayos que salían desde su parte inferior. «*Isolda es un rayo; una energía celestial de amor profundo, genuino, juguetón, que todo lo consume. Añade un poco de ella en cualquier ocasión, como si de azúcar se tratase*», se me dijo en un tono divertido. Más que la entidad de una diosa heroica, Isolda es un rayo de energía que se extiende cuando recurrimos a él. Se me informó que podemos utilizarlo para nuestra vida amorosa siempre que sea posible y tanto como lo deseemos. Es sanador y su poder de atracción es afrodisíaco.

Ayuda a:

- Sanar los efectos de las rupturas, las separaciones y los divorcios
- La pasión, volviendo a encenderla
- Atraer el amor romántico

INVOCACIÓN

Coloca tu mano sobre tu pecho y siente los latidos de tu corazón. Imagina que unos rayos de energía con los colores del arco iris salen de tu mano, rodeando tu corazón. Luego, llama a Isolda:

> «Amorosa Isolda, por favor, envíame energía apasionada, llena de amor sano y romántico, a través de mi mano y haz que penetre en mi corazón. Gracias por sanar todo aquello que pudiera bloquearme e impedirme disfrutar totalmente de la pasión y el romance. Gracias por abrir mi corazón al amor verdadero.»

Jesús

(Judeocristiano)

También conocido como *Jeshua, Señor y Salvador, El Señor Jesús, Cristo, Sananda.*

Lo que sabemos de Jesús de Nazaret proviene de los cuatro Evangelios y las cartas de Pablo en el Nuevo Testamento. Puesto que los Evangelios se escribieron setenta años, o más, después de la muerte física de Jesús, es evidente que ninguno de sus autores lo conoció durante su vida humana. Sus relatos, entonces, están basados en una información de segunda mano (o más manos), transmitida a través del tiempo. Ninguno de los historiadores que vivieron en la época de la vida humana de Jesús habló de él en sus relatos. No obstante, nadie pone en duda el impacto que este hombre ha tenido en la humanidad hasta el día de hoy. De un modo u otro, todo, desde el calendario gregoriano hasta las instituciones religiosas, desde las guerras hasta las sanaciones espirituales, se basa en su vida.

Muchas personas dicen haber visto apariciones de Jesús y, como consecuencia, suelen experimentar curaciones milagrosas. Mis libros *Angel Visions* y *Angel Visions II* contienen varias historias sobre los poderes milagrosos de Jesús. También existen testimonios de quienes han rezado pidiendo su intervención... y luego han sido testigos de un milagro, *sabiendo* que éste es el resultado de sus oraciones. Otras personas dicen sentir un amor y un consuelo intensos cuando perciben la presencia de Jesús cerca de ellas, o en su interior.

Muchos individuos han estudiado la aproximación de Jesús a la curación de enfermedades y han aplicado esos principios con resultados asombrosos. Diversas iglesias cristianas y del Nuevo Pensamiento ponen el énfasis en las enseñanzas de Jesús sobre el amor y el perdón, y promocionan dichos métodos como una forma de sanar las dolencias personales y mundiales.

Existe la creencia extendida de que Jesús cuida del mundo y de sus habitantes, asegurándose de que no nos sobrevenga ningún mal. En los círculos de la Nueva Era, se cree que él es la cabeza de la Gran Hermandad Blanca, un comité de grandes maestros y sanadores espirituales que velan por el renacimiento espiritual en el planeta.

Mis propias experiencias con Jesús son muy extensas y han ocurrido a lo largo de mi vida. Suelo invocarlo antes de cada sesión de sanación y siempre resulta ser el mejor de los sanadores entre mis amigos del mundo del espíritu. Es igualmente poderoso con las personas y las divinidades de todos los entornos religiosos y no religiosos, y emana un amor incondicional capaz de sanar a alguien lleno de culpa, de miedo e incapacidad de perdonar.

Ayuda a:

- Tener una comunicación clara con Dios
- Recibir orientación y dirección divinas
- Resolver los problemas de fe
- Perdonar
- Sanar
- La manifestación
- Que ocurran milagros

INVOCACIÓN

Imagina que Jesús está de pie delante de ti. Desde tu corazón, envíale tanto amor como seas capaz de sentir e imaginar. Observa lo que ocurre a continuación: el amor regresa a ti, aumentado varias veces. Continúa enviando y recibiendo este amor, observando tu respiración para asegurarte de que estás inspirando esta energía sanadora.

Al mismo tiempo, cuéntale mentalmente a Jesús cualquier cosa que te esté preocupando en mayor o menor medida. Entrégale tu corazón y revélale tus secretos más profundos; él es absolutamente fiable y siempre utilizará la información de una forma positiva. A continuación, pídele que intervenga y te oriente acerca de cómo sanar la situación. No le digas *cómo* sanarla; simplemente has de saber que está en sus amorosas manos y que él trabajará directamente con Dios para crear una solución serena para todos los implicados. Dale las gracias en tu corazón y déjalo ir.

Kali
(Hindú; India)

También conocida como *Madre Negra, Kali-Ma, Raksha-Kali.*

Kali es un aspecto hindú de Devi, la diosa fundamental. Kali es la diosa del final de los ciclos, la energía de la muerte y la transformación que deja ir lo viejo y trae lo nuevo. Algunas personas se sienten amenazadas por el poder aparentemente destructor de Kali; sin embargo, en realidad ella es una energía de amor que nos ayuda a liberarnos del miedo. Solamente destruye aquello que nos ata, o que podría ralentizar o desviar nuestra misión Divina, del mismo modo que una madre quitaría a sus hijos los objetos peligrosos.

Kali tiene la personalidad de una mujer con una gran vitalidad, con una enorme carga energética, que tiene una misión clara. Tiene el temperamento impaciente de una artista, como una madre actriz que sabe lo que se tiene que hacer y no pierde el tiempo en discusiones. «*Mis pasiones han abrumado a muchas personas que me han comparado con una tormenta de furia* –dice–. *Me han llamado voluble, temperamental e iracunda. Sí, mi pasión tiene filo, pues es franqueza desatada.*

»*Yo digo, 'Si no estáis dispuestos a ayudarme, o a dejar que os ayude, entonces, al menos, quitaos de en medio'. Cuando me invoquéis, preparaos para la acción desenfrenada. Puede parecer que os empujo con demasiada rapidez y quizás no os sintáis seguros. Pero os aseguro que simplemente os estoy ayudando a entrar por las puertas que se abren para que podamos avanzar como seres de luz. Tenemos mucho que hacer para ponernos al día* (con la misión) *y el titubeo no hace más que estorbar a nuestros esfuerzos.*

»No os andéis con dilaciones o demoras, ni temáis al cambio que siempre acompaña a la acción y al avance. No tengáis miedo de tomar una decisión equivocada; antes bien, temed vivir en la indecisión. Yo soy Kali, enfoque resuelto mezclado con una pasión ardiente y un profundo interés en diversas causas.»

Kali me dijo que, como a muchas mujeres, la habían llamado «zorra» simplemente por ser poderosa y decidida.

Ayuda a:

- Ser valientes
- Tener determinación
- Obtener orientación
- La concentración
- La motivación
- Obtener protección
- La tenacidad

Invocación

Kali viene inmediatamente si invocas su nombre: «Kali, Kali, Kali.» Llega como una tormenta repentina y poderosa, con propósito y determinación. En cualquier situación que le presenten, ella sabe llegar al corazón de la cuestión. Por ejemplo, si le dices que necesitas ayuda en tu vida amorosa, Kali verá cuáles son los verdaderos problemas subyacentes. Te proporcionará una orientación muy clara y enérgica, sin escatimar en palabras.

Krishna
(Hindú, India)

También conocido como *El Divino*.

La Trinidad hindú incluye a Brama, Shiva y Vishnu, los tres dioses que crean, protegen y vigilan los ciclos vitales en la Tierra. El dios Vishnu adopta una forma física siempre que se le necesita para eliminar prácticas inhumanas. Krishna es la octava encarnación de Vishnu (también se le considera un avatar).

Krishna se encarnó a medianoche en el octavo día de la estación de *Bhadrapada* (palabra hindú para decir «finales de verano») entre los años 3200 y 3100 a de C. y escribió el texto espiritual hindú, el Bhagavad Gita. Actualmente, Krishna es una de las deidades más populares en la India.

Las leyendas sobre Krishna lo retratan como una figura romántica, y muchas pinturas los muestran a él y a su compañera, Radha (una de las encarnaciones de la diosa Lakshmi), exhibiendo un hermoso amor romántico. Algunos expertos en Feng Shui recomiendan colocar una imagen de Krishna y Radha en el rincón romántico* del hogar para manifestar una relación de almas gemelas.

---

* Para quienes no estén familiarizados con el Feng Shui, se trata del antiguo arte chino de la colocación de los objetos. Como parte de esta práctica, uno es orientado para situar ciertos elementos en áreas específicas de su domicilio con la finalidad de conseguir un determinado objetivo. Por ejemplo, si deseas encontrar un alma gemela, debes colocar objetos que simbolicen el amor en el «rincón romántico» (normalmente el cuadrante derecho de tu casa). Para más información, consulta el libro de Terah Kathryn, *The Western Guide to Feng Shui* (Hay House, 1996).

Krishna es un transmisor de alegría y felicidad. Cuando lo invoques, probablemente sentirás que tu corazón y tu estómago se llenan de una energía cálida y amorosa. «*Nunca subestiméis el poder sanador del amor* –dice Krishna–. *Sus profundidades son mayores que las de cualquier océano y no hay barrera que no pueda superar. Usa en tu mente este poder perdurable, que no necesita contenerse, pues es un recurso que se renueva constantemente para ser utilizado una y otra vez. Vierte amor en cada situación, ¡y observa las recompensas que recoges!*»

Ayuda a:

- Recibir bendiciones
- Purificar y espiritualizar los alimentos
- La jardinería, los cultivos y las flores
- Tener alegría
- Las relaciones
- El amor romántico
- El despertar espiritual
- El vegetarianismo

INVOCACIÓN

A Krishna le encanta conectar con la gente a través de las ofrendas de alimentos y su bendición. Antes de comer, contempla lo que vas a ingerir e invoca mentalmente a Krishna. Dile que ésa es tu ofrenda a él. Mientras acepta tu regalo, él bendecirá y purificará los alimentos con su energía altamente espiritualizada. Dale las gracias y luego incorpora completamente sus bendiciones comiendo lentamente, disfrutando al máximo de cada bocado. Mantén una conversación mental con él mientras comes. Notarás que esta experiencia es como estar comiendo con un compañero sabio que te ofrece una sabiduría estelar y buenos consejos.

Kuan Ti
(China)

También conocido como *Kuan Jung, Kuan Yu.*

Kuan Ti es el dios guerrero chino que actúa para impedir las guerras. Es un profeta que predice el futuro y protege a la gente de los espíritus inferiores.

En su encarnación humana, Kuan Ti fue un héroe de guerra chino y un general de la dinastía Han muy conocido por sus habilidades guerreras y sus decisiones inteligentes. Cuando murió, fue elevado al estatus de dios. Ahora trabaja codo a codo con el arcángel Miguel en asuntos de justicia dentro de los sistemas gubernamentales.

«*Los hombres que están en una posición de poder están jugando a un juego peligroso haciendo sonar sus sables* –dice–. *Esto les perjudicará, y si este inmenso drama no se detiene, desencadenará guerras de proporciones peligrosas. Todo esto es un juego de poder de lo más explosivo. La población debe intervenir y exigir métodos pacíficos en lugar de esos peligrosos estratagemas para obtener el control. Yo intervendré con vosotros para reemplazar a esos líderes que se basan en el miedo por otros que actúen desde la sabiduría y la comprensión. Ése es el único camino.*»

Mientras me encontraba sentada en una pajarera en China, le pedí mentalmente a Kuan Ti consejo sobre cómo evitar las guerras y manifestar la paz mundial. Él replicó con una energía poderosa: «*En estos tiempos se necesitan soldados interiores: personas que marcharán hasta su comandante interior en términos espirituales, que llevarán a cabo las órdenes que él les dé y no se preocuparán por las reprimendas del mundo exterior. La única figura de autoridad que requiere tu obe-*

diencia es el poderoso General interior. En este respecto, prevalecerá la verdad y volverá a ser posible la paz en el planeta.»

Ayuda a:

- Conseguir justicia y libertad para los prisioneros acusados falsamente y para los prisioneros de guerra
- Los asuntos legales
- Las profecías sobre acontecimientos mundiales
- Las habilidades psíquicas, aumentando la exactitud y los detalles
- La limpieza de espacios
- La liberación del espíritu
- Evitar las guerras y a ponerles fin

INVOCACIÓN

Invoca a Kuan Ti si te preocupan los acontecimientos mundiales, especialmente aquellos que incluyen guerras. Dile mentalmente:

«Kuan Ti, solicito tu intervención, tu sabiduría y tu consejo sobre (describe la situación). Gracias por intervenir y crear una solución pacífica mediante la sabiduría y la comprensión. Gracias por asistir y aconsejar a los líderes implicados, y por ayudarlos a utilizar su poder de una forma sabia para el beneficio de todos.»

Kuan Yin
(Asia)

También conocida como *Kwan Yin, Quan Yin, Guanyin, Quan'Am, Kannon, Kwannon.*

Kuan Yin es una de las más queridas y populares divinidades orientales. Diosa china de la piedad, la compasión y la protección, física y espiritualmente bella, su nombre significa «la que escucha las plegarias». De hecho, Kuan Yin atiende y responde a todas las oraciones que le son enviadas.

Kuan Yin es, al tiempo, diosa y *bodhisattva* (que quiere decir «ser iluminado»). Los bodhisattvas pueden convertirse en Budas, pero el amor que Kuan Yin siente por la humanidad es tan profundo que, después de haber llegado a la iluminación, en lugar de ascender a la condición de Buda eligió conservar la forma humana hasta que cada uno de nosotros se haya iluminado también. Está totalmente dedicada a ayudar a que nos abramos completamente a nuestros dones espirituales, a que adquiramos un conocimiento y una iluminación profundos, y a reducir el sufrimiento del mundo. Se dice que la mera pronunciación de su nombre garantiza la protección de todo mal.

A Kuan Yin la suelen llamar «la Madre María de Oriente», porque representa la divinidad femenina y la energía de la diosa en la religión budista, del mismo modo que en el cristianismo María irradia una feminidad dulce y amorosa. Kuan Yin nos enseña a llevar una vida de inocuidad, poniendo un gran cariño en aliviar el sufrimiento que hay en el mundo y no añadir más. Es posible que cuando ella está cerca veas el color rojo; por ejemplo, unos destellos de luz roja o una bruma rojiza que surge de la nada.

Una mujer llamada Mary Urssing me contó esta bella historia de sus interacciones con Kuan Yin:

«Me encontraba en Hawai y acababa de comprarme un colgante de cristal que representaba a Kuan Yin. Inmediatamente después de ponérmelo, empecé a oír que ella me hablaba con una suave y tranquilizadora voz asiática. En la última mañana de mis vacaciones, fui despertada por Kuan Yin, que me decía que saliera a dar un paseo. Me senté fuera, en la entrada, pero me sentí impulsada a caminar y eso fue exactamente lo que hice. Me llevé conmigo una grabadora portátil con auriculares para oír una hermosa música hawaiana. Mientras paseaba, vi una flor plumerilla en el suelo, que para mí es una señal de amor. Normalmente suelo arrancar estas flores y ponérmelas inmediatamente en el pelo, pero ese día, las cosas fueron distintas. Me limité a sostenerla en mi mano.

»Al acercarme a una cascada, oí que Kuan Yin me decía que yo iba a tener una iniciación a una pasión por mí misma que iba mucho más lejos que el amor por uno mismo. Ese momento fue muy sagrado, pues supe que estaba haciendo un voto que era más intenso que cualquier cosa que hubiera hecho jamás. Lo acepté y se me dijo que me colocara en una cueva que estaba bajo la cascada, una especie de capullo. Debía ser, sentir y conocer verdaderamente el amor por mí misma. Lo sentí en todo mi ser y anclé ese momento en mí. Intentar poner esto en palabras no parece hacer justicia a esta ceremonia personal.

»Cuando estaba absorbiendo esta energía, se me pidió que la sellara con el símbolo que yo había elegido, sin saberlo, para ese momento: la plumerilla. Mientras lanzaba la flor a la cascada para ritualizar mi ceremonia, la vi hundirse y, mientras lo hacía, el agua adquiría una hermosa tonalidad de intenso rojo pasión en ese punto. ¡Realmente vi cómo el agua se tornaba roja! Todo esto me transformó al instante y supe que era el momento de honrarme a mí misma y honrar mi poder.

»Más tarde, ese mismo día, le conté a mi amiga Marlies que había tenido una experiencia de lo más increíble en la cascada.

'¿En la cascada de Kuan Yin?', inquirió. Su pregunta me sorprendió y le pedí que me diera más información. Me explicó que había una estatua de Kuan Yin en una de las cascadas de la isla. Me aseguré de que me llevaran al día siguiente al mismo lugar, y ahí estaba: una hermosa estatua de la diosa oculta en un estante de piedra en la cueva de la cascada. ¡Ella me había llamado para que acudiera a su santuario!»

En Kona, Hawai, hay muchas estatuas hermosas de Kuan Yin. Estando cerca de una que la representa sosteniendo una flor de loto, la diosa me dijo: «*Éstas son mis instrucciones sagradas: en primer lugar, tened piedad de vosotros mismos. Habéis padecido mucho en vuestra tierra y tenéis eónes de lecciones ante vosotros. El Nirvana se revela únicamente con un toque suave. Alargad la mano para tomar la grandeza, pero siempre con una aproximación amable. No busquéis oportunidades; antes bien, dejad que lleguen a vosotros apaciblemente, como una flor de loto que flota sobre las corrientes de agua entre la suave brisa. Esforzaos, pero sin prisa; disfrutad del proceso en el que os habéis embarcado. Sabed que cada paso en el camino es como una fiesta: una celebración del movimiento, que es en sí mismo un milagro.*

»Apreciad la cualidad divina que está dentro de cada uno de vosotros. No os reprendáis por vuestros errores y equivocaciones; antes bien, reíd, creced y aprended de ellos. Tú, mi amable niña, estás haciéndolo bien; de hecho, muy, muy bien.

»Si tuviera que darte una palabra de sabiduría, sería la palabra que, a mi parecer, mejor encarna el amor en el plano terrestre: compasión. Superando toda vergüenza y timidez, avanzando hacia el reconocimiento, no sólo de las partes 'buenas' que hay en ti y en los demás, sino de todo lo que hay en el camino; todo es bueno, créeme. Y si puedes reconocer esto como una verdad eterna, la felicidad llegará a ti antes de lo que esperas, galopando a la velocidad de unos potros salvajes con cascos alados. Siéntelo como una verdad. Ahora.

»La sabiduría llega cuando uno se sienta muy quieto, escuchando, no cuando corre para ir a la delantera. Un corazón tranquilo recibe amor e información antes que uno agitado. Haz algo sencillo hoy: recoge una flor y simplemente estúdiala sin ningún propósito. Permanece en

blanco. Mantente abierta. Y sabe que cualquier cosa que llegue a ti es buena y será una lección, siempre y para siempre.»

Ayuda a:

- La clarividencia
- Tener compasión
- La gracia, la belleza y el poder femeninos
- La bondad, la suavidad y la dulzura, con uno mismo y con los demás
- Dar y recibir amor
- Las habilidades musicales, desarrollándolas (especialmente el canto)
- Obtener protección, especialmente para mujeres y niños
- Obtener iluminación y los dones espirituales

INVOCACIÓN

Kuan Yin siempre escucha nuestras plegarias y las responde, y no es necesario ningún ritual especial para contactarla. No obstante, si utilizas flores puedes sentir una conexión más centrada en el corazón. Por ejemplo, podrías sostener una flor, contemplar una planta que está echando brotes, o un ramo, o dibujar o mirar la imagen de unas flores. Las personas que trabajan estrechamente con Kuan Yin suelen recitar este mantra: Om Mani Padme Hum, que significa «Salve la joya de la flor de Loto.»

Una oración que te ayudará a invocar a Kuan Yin es:

«Amada Kuan Yin, por favor, escucha las plegarias que hay en mi corazón. Por favor, descubre y comprende cuáles son mis verdaderas necesidades. Pido tu intervención en las áreas de mi vida que están provocando dolor. Por favor, acude en mi ayuda y asistencia, guiándome para que pueda ver mi situación bajo una nueva luz de amor y compasión. Por favor, ayúdame a ser como tú y a vivir serenamente y con propósito.»

Kuthumi
(Sij, teosofía, Nueva Era)

También conocido como *Mahatma Kuthumi mal Singh, Koot Hoomi, Sirdar Thakar Singh Sadhanwalia, K.H.*

Según los investigadores teosóficos (incluyendo al escritor K. Paul Jonson), Kuthumi es el seudónimo de un líder espiritual sij que vivió en el siglo XIX llamado Sirdar Thakar Singh Sadhanwali.

Madame Blavatsky conoció a Singh durante sus largos viajes por la India. En esa época también conoció y estudió con los maestros espirituales indios que serían la base para Djwhal Khul, el Maestro Hilarión y el Morya, a los que llamaba «los Mahatmas». Blavatsky promovió las enseñanzas espirituales de estos hombres en Norteamérica, protegiendo sus verdaderas identidades con seudónimos. Ella producía cartas de Singh y otros Mahatmas, en ocasiones afirmando que éstas se materializaban de los éteres.

Cuando estos hombres murieron, Blavatsky y sus seguidores (principalmente Alice Bailey y Elizabeth Clare Prophet) empezaron a canalizar sus mensajes. Ésta fue la primera vez que se usó el término «maestros ascendidos». Según los «nuevos» teosofistas, las vidas pasadas de Kuthumi incluyen a San Francisco y a Pitágoras.

Cuando invoqué a Kuthumi, ¡se presentó ante mi vestido como un payaso de circo! «*La vida es un circo de tres escenarios* –dijo–, *y la clave está en no dejar que los acontecimientos que tienen lugar a tu alrededor te distraigan. La concentración constante y la disposición a buscar una verdad superior alejarán a tu consciencia de la ansiedad e instalarán en ella la paz.*

»*No permitas que te distraigan o te estorben. Usa correctamente tu tenacidad concentrándote sólo en aquello que es bueno; de ese modo, superarás verdaderamente el mal en todo el sentido de la palabra. Permite que te muestre los caminos para acceder a las dimensiones superiores, donde la paz está al alcance de todos. Por encima del estruendo del plano terrestre, alcanzamos juntos el Nirvana, individualmente, pero hombro con hombro. La perspectiva más sagrada es enseñar la paz a través de la autorrealización.*»

Ayuda a:

- Dedicarte al propósito de tu vida
- La concentración

INVOCACIÓN

Si descubres que te estás distrayendo de tus principales objetivos y propósitos en la vida, pide a Kuthumi que te ayude a mantener la diligencia cuando se trate de tus prioridades. Él te ayudará a organizar tu agenda de una forma equilibrada. Solicita su ayuda siempre que te sientas abrumado por tus múltiples tareas:

«Adorado Kuthumi, solicito tu intervención. Por favor, elimina todas las distracciones de mi mente y de mi agenda, permitiendo que me concentre completamente en el verdadero propósito de mi vida. Por favor, que todos los cambios en mi vida ocurran de una forma suave y tranquila, y ayúdame a percibir la guía espiritual y la voluntad divina. Ahora te entrego todos los miedos basados en el ego que me impedirían seguir mi camino. Ayúdame a reconocer cuándo estoy andándome con dilaciones en relación con mi propósito, para que pueda sumergirme plenamente en la alegría del servicio espiritual.»

Lakshmi
(Budista, hindú, India, jainista)

También conocida como *Haripriya, Jaganmatri, Laxmi, Matrirupa, Vriddhi*.

El nombre de Lakshmi deriva de la palabra sánscrita *Laksya*, que significa «objetivo» o «propósito».

Lakshmi es una diosa lunar de la prosperidad y la buena fortuna, hermosa y de piel dorada, que trae bendiciones de abundancia para todo el mundo. Además, representa la belleza, la pureza, la generosidad y la felicidad verdadera. Se dice que surgió del agitado mar llevando regalos y flores de loto, tan hermosa que todos los dioses quisieron inmediatamente tenerla como esposa. Ella eligió estar con el dios solar, Vishnu. Desde entonces, ha vuelto a nacer como la compañera de Vishnu en cada una de sus vidas.

Puesto que la verdadera misión de Lakshmi es traer la felicidad eterna a la Tierra, ella nos ayuda a encontrar profesiones significativas que produzcan bellos resultados, incluyendo la satisfacción personal. Ella sabe que la riqueza, en sí misma y por sí misma, no es suficiente para crear una felicidad duradera, sino que debe estar acompañada de espiritualidad y de un sentimiento de logro. De modo que Lakshmi puede guiarnos hasta el trabajo de nuestra vida, el cual creará alegría y abundancia para nosotros y para los demás.

Lakshmi está asociada a las flores de loto. Algunas leyendas dicen que nació de una de ellas y que vive en su interior. En las obras de arte se la suele representar sosteniendo una flor de loto, o de pie sobre ella, pues se trata de un símbolo de despertar espiritual y de paz.

Lakshmi aporta gracia, belleza y amor a los hogares, y se asegura de que todas las necesidades estén cubiertas. Ganesh la adora y a menudo trabajan juntos para ayudar a otras personas a alcanzar sus objetivos.

Lakshmi dice con una voz dulce y melodiosa: «*La obtención de la riqueza es uno de los mayores misterios y desafíos de la vida. La mayoría de aspirantes espirituales aborrecen la búsqueda de dinero, pero anhelan la libertad y los servicios que éste proporciona. Muchos de vuestros maestros y sanadores espirituales tienen un conflicto respecto a aceptar dinero por su trabajo y, sin embargo, esperan algún día poder abandonar otros empleos para dedicarse completamente al servicio de la espiritualidad.*

»Este dilema debe ser enfrentado, pues aquí, en el estrato al que llamáis 'Cielo', vemos muchas soluciones posibles, y podríamos ayudaros con la mayoría de ellas, sin que tengáis que esforzaros o pensar tanto. Os diré una cosa: Presionar con la mente para tratar de hacer que las cosas ocurran es vuestra mayor barrera y bloqueo, y sólo lo podréis superar cuando os convenzáis de que todas las riquezas dignas de tenerse ya se han manifestado en vuestro interior. Cuando os relajéis con este conocimiento y sepáis con certeza que nos estamos ocupando de todo, entonces las restricciones desaparecerán por completo.»

Ayuda a:

- Tener abundancia
- La belleza y la estética
- Tener una felicidad duradera
- Manifestar provisiones y alimentos para el hogar
- Limpiar el espacio del hogar

INVOCACIÓN

A Lakshmi le encantan los corazones agradecidos y apreciativos. De modo que, cuando la invoques, imagina que todos tus deseos te han sido concedidos de una forma divina. Siéntete agradecido por ello.

Sabe que el poder de tu Creador, combinado con tu fe y la ayuda amorosa de Lakshmi, se manifiestan milagrosamente en la forma. Sus manifestaciones son la representación física del amor y la gratitud que sientes ahora.

Continúa enfocado en tus deseos, viéndolos y sintiéndolos como si ya se hubieran manifestado. Dale las gracias a Lakshmi recitando mentalmente: «*Om Nameh Lakshmi Namah*», que es una oración de agradecimiento y reverencia.

Lugh
(Celta)

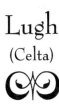

También conocido como *Lug, Lugus, Lleu.*

Lugh es un juvenil dios solar que tiene un perro mágico, un casco y una lanza para su protección y la de todos los que lo invocan. Está asociado a la fertilidad y a la producción de una cosecha abundante de verano.

Las leyendas dicen que Lugh fue un maestro artesano, poeta, sanador y hombre de muchos oficios, y que no había ninguno que no pudiera él realizar.

Cuando invoqué a Lugh para que me transmitiera un mensaje para este libro, apareció ante mí un hombre impresionantemente guapo, con casco y escudo, y con un traje de aspecto romano. «*¿Me llamaste? ¿En qué te puedo ayudar?*», inquirió. Cuando le describí una determinada situación para la cual necesitaba su ayuda, me dijo: «*Espera un momento; algo se está tramando aquí. Voy a verificarlo. Vuelvo enseguida.*»

Regresó en una fracción de un minuto, trayendo consigo una especie de poción. Parecía un polvo azul que relucía con un brillo acuoso. «*Esto se basa en mi evaluación de tus anhelos, inclinaciones y tendencias interiores*», dijo Lugh. Luego me preguntó muy educadamente si podía untarme con dicha poción sanadora, la cual, según me explicó, estaba hecha especialmente para la situación. Me comentó que él creaba todas sus recetas mágicas a medida para cada persona y para su situación particular.

Me eché hacia atrás y Lugh retiró el cabello que caía sobre mi frente. Me dio la impresión de que también estaba limpiando mi aura. Me pidió que me quitara las gafas de sol para poder untarme fácilmente. Tomó un pellizco del polvo, lo espolvoreó sobre mi frente y luego extendió una cantidad generosa sobre la parte superior de mi cabeza y rostro, cubriéndome como un casquete.

Me pidió que inhalara profundamente la esencia y luego dijo: «*Esta poción está infundida de propiedades mágicas que te ayudarán a apoyar la solución de este problema de una forma muy similar al modo en que las vitaminas te dan energía y te ayudan a tener fuerzas para ejercitarte en el gimnasio. Las vitaminas te levantan, pero depende de ti ir al gimnasio y hacer el trabajo. Deja que, de una forma parecida, mi poción de boticario apoye tus esfuerzos, fortalezca tu fe y tu confianza para que puedas volver a casa centrada en la paz y la alegría.*» Entonces puso fin a su ceremonia de sanación conmigo diciendo, «*¡Te doy todo mi amor!*», y desapareció.

Ayuda a:

- La alquimia
- Los proyectos artísticos: incluidos arte, oficios, poesía y música
- La magia divina
- La sanación en situaciones dolorosas
- Obtener protección de todo tipo
- Solucionar cualquier problema

INVOCACIÓN

Lugh es una fuerza poderosa que acude rápidamente cuando se la llama. Piensa en su nombre y siente la fuerza, el poder y la magnitud de su energía. Luego, háblale de tus necesidades y de los problemas para los que quieres ayuda. Como describí antes, es posible que se retire unos momentos para buscar un bálsamo o una poción sanadora. Dale tanto tiempo como sea necesario para que se ocupe a fondo de tu situación. Sabrás cuando ha terminado su tratamiento porque su energía se retirará hasta que lo vuelvas a invocar.

Envíale las gracias y sabe que las recibirá encantado. Lugh vigilará el progreso de tu situación, hasta que éste haya finalizado, de modo que puedes llamarlo siempre que quieras durante su resolución.

Lu-Hsing

(China)

También conocido como *Pinyin Lu Xing*.

Lu-Hsing es el dios de los salarios, la paga, el éxito, el progreso profesional, las inversiones, la acumulación continua, la riqueza y los empleados. Es una de las tres deidades estelares chinas conocidas colectivamente como «los *Fu Lu Shou San Sing*», los dioses que traen felicidad, fortuna, riqueza y longevidad.

Lu-Hsing fue un hombre mortal llamado Shih Fen, oficial de alto rango de la corte real oficial en el siglo II a. de C. Fue deificado después de su muerte. Lu-Hsing toma nota de las personas que están entregadas y dedicadas a sus carreras, y las recompensa. Él nos advierte de que, si queremos avanzar, no debemos tener un comportamiento corrupto. Lu-Hsing sugiere que sanemos las situaciones desagradables o deshonestas mediante la oración y buscando orientación divina antes de tomar medidas más drásticas, como llamar la atención de los demás sobre la corrupción.

Invoca a Lu-Hsing antes de buscar trabajo para que las puertas se te abran fácilmente, conduciéndote a la profesión elegida. Pero ten presente que las señales que él te envíe para indicarte por qué puertas debes entrar pueden ser muy sutiles. Es necesario tener una mente ágil y estar muy alerta para seguir su orientación adecuadamente.

Quienes reciban sus consejos apreciarán la inteligencia aguda que exhibe y las vueltas que diseña, que parecen ser parte de su *modus operandi*. Invoca siempre a Lu-Hsing antes de pedir un aumento de sueldo o un ascenso a tu jefe.

«*No os durmáis en vuestros laureles*», advierte. Si quieres disfrutar de tu éxito actual en lugar de preocuparte acerca de cómo ascender por la siguiente montaña, tendrás que decirle a Lu-Hsing que quieres hacer una pausa para reorganizarte.

Yo invoqué a Lu-Hsing durante una visita a China y le pedí que me hablara de cómo conseguir el éxito y una seguridad económica. «*El secreto del éxito económico es estar dispuesto a tener un espíritu guerrero en la actitud, la gracia y la presencia. Esto no quiere decir que uno deba adoptar un aire de agresividad, sino un espíritu dispuesto a hacer tratos y pactos con uno mismo y con los demás.*

»*Los guerreros tienen la actitud de esperar un desenlace positivo y la disposición de hacer lo que haga falta para conseguirlo. Esto significa no darse por vencido, sino permitir la flexibilidad y fluir con el movimiento de la energía o el chi. Sed fuertes, estad atentos al éxito, sed sensibles a las contracorrientes de energía y no os equivocaréis.*»

Ayuda a:

- El empleo, en todos sus aspectos
- Las entrevistas de trabajo
- Conseguir aumentos de sueldo y ascensos

INVOCACIÓN

Invoca a Lu-Hsing antes de cualquier hecho importante relacionado con tu empleo. Imagina que estás teniendo un encuentro mental con él y que Lu-Hsing es el ejecutivo fundamental para despejar el camino para cualquier cosa que solicites. Visualízalo tomando notas durante vuestra conversación; debes saber que él se ocupará de todo. Pídele que te proporcione una orientación muy clara, que puedas entender fácilmente. Luego escribe «Gracias, Lu-Hsing» en una hoja de papel, pliégala y sostenla en la palma de tu mano durante la situación pertinente, tanto si se trata de pedir una aumento a tu jefe, pasar por una entrevista de trabajo o participar en una reunión importante.

Maat
(Egipto)

También conocida como *Ma'at, Maa, Maht, Mat, Maut.*

Diosa egipcia de la verdad, la imparcialidad y la justicia, Maat es la hija de Ra, el dios del sol, y consorte/esposa de Tot, el dios escriba mágico. Cuenta la leyenda que cuando Ra creó el mundo, creó a su hija para que fuera la personificación de la integridad.

Maat es la diosa de la imparcialidad, la integridad, las promesas, la verdad y la justicia. Su símbolo es la pluma, la cual utiliza junto con la balanza de la justicia para pesar la culpa o el engaño que hay dentro del corazón de un alma que acaba de fallecer.

Maat posee habilidades impecables para distinguir el carácter, la honestidad y las verdaderas motivaciones de la gente. Invócala para mantener alejadas a personas y situaciones deshonestas y para que te proteja de las energías oscuras o inferiores. Si Maat considera que tus motivos son puros, te tratará con el amor más cálido. Si no es así, entonces es posible que te someta a pruebas de purificación. Para evitarlas y atraer su camaradería puedes realizar rituales, cambios en tu estilo de vida, afirmaciones y ceremonias. Ella no juzga; ella es la verdad en sí misma. Maat también vela por los asuntos legales para asegurarse de que haya armonía y honestidad.

«*Todo el mundo posee habilidades mágicas* –dice–. *Para una mujer joven, la clave es estar muy armonizada con su ciclo menstrual. Al crear una mayor armonía con los ciclos de la luna y tomar conciencia de la conexión que éstos tienen con su fluir, la mujer se tornará»lunar» y se abrirá a un cambio que liberará sus habilidades prácticas y esotéricas. Ambas cosas producirán en ella una hermosa confianza en sí misma como sólo se ve las grandes exhibiciones de energía femenina. Las mujeres con malicia, por ejemplo, no piden disculpas por su poder. Son encantadoras porque ponen toda su fuerza en cada paso que dan.*

»Para los hombres y mujeres que no están en edad de procrear, los ciclos de la luna no tienen un efecto tan evidente, pero aún así les afectan. Cualquiera que esté dentro de la atracción gravitacional de este planeta, incluso un espíritu, sentirá la influencia que ejerce la luna.

»Presta una atención minuciosa a tu relación con la luna, esa gran fuente de luz. Visítala a menudo. Descubrirás que es una fuente de habilidades mágicas que te transmitirá mensajes importantes.»

Ayuda a:

- Superar las adicciones y las ansiedades
- Tener claridad en situaciones confusas
- Discernir la verdad y la integridad de los demás
- La magia divina
- La integridad y el compromiso: con uno mismo y con los demás
- Poner orden
- Obtener protección contra el engaño y la manipulación
- La purificación del cuerpo

INVOCACIÓN

Si estás confundido o indeciso respecto a una situación, pide a Maat que te ayude a clarificar tus verdaderos sentimientos e intenciones. Ella también te ayudará a comprender a las otras personas implicadas en la situación. No obstante, antes de invocarla, debes estar absolutamente seguro de estar dispuesto a enfrentarte a la verdad y, posiblemente, recibir una información que no querrías conocer (como, por ejemplo, que te hablen de la falta de integridad de alguien).

Cuando estés preparado para trabajar con Maat, muéstrale tus respetos sentándote con la espalda recta. Luego di:

«Querida y poderosa Maat, por favor, ven a mí ahora. Eres la lluvia de verdad e integridad, y necesito que hagas brillar tu luz sobre (describe la situación o da el nombre de la persona implicada). Por favor, haz que la luz de la verdad brille en mi mente y en mi corazón, ayudándome a sentir y conocer su sabiduría. Por favor, ayúdame a liberarme de los pensamientos limitados que podrían cegarme ante los hechos y ayúdame a utilizar la verdad como base para todos mis actos. Gracias.»

Maeve
(Irlanda)

También conocida como *Mab, Medb, Medhbh, Madb, Reina de Connacht.*

Maeve, poderosa diosa guerrera cuyo nombre significa «mujer embriagada», es conocida por su fuerte voluntad y su capacidad de manifestar lo que quiera y a quien quiera. Está asociada al ciclo menstrual y a la belleza femenina. Maeve es también una reina de las hadas y una diosa de la tierra a la que los caballos aman.

Invoca a Maeve siempre que necesites orientación sobre métodos de sanación naturales y alternativos. Por ejemplo, si necesitas asistencia con alguna situación, cuando estés en una tienda de alimentación natural pide a Maeve que te conduzca hasta las vitaminas, los minerales, las hierbas y los aceites que podrían ayudarte. Como una compañera de compras amigable y sabia, ella te guiará hasta los productos o los libros adecuados.

Hablé con ella cerca de un río rodeado de flores perfumadas en las afueras de Dublín, en Irlanda. La zona era rica en hadas hermosas que cuidaban de las flores. Cuando la llamé, Maeve acudió rápidamente y me dijo:

«Yo superviso el reino mágico de las hadas. No soy una de ellas, pero me gustan, y soy invocada en su plan divino y su misión. Por lo tanto, cuando las invoques probablemente me llamarás a mí también. Mi misión consiste en ser un líder y en enderezar los hechizos para que puedan ser purificados y centrados antes de ser entregados a las hadas. Se podría decir que soy una mediadora o traductora entre vosotros y ellas, asegurándome de que los deseos que os conceden sean del máximo valor.

»A diferencia de los ángeles, las hadas viven en una especie de densidad temporal y deben usar su tiempo sabiamente. ¡Y vosotros también! Podéis pedirme que haga realidad vuestros deseos materiales, pues también me agrada proporcionaros cosas de la manera más elevada. Sin embargo, os ayudo a evitar las posesiones que, en realidad, os 'detendrían' y que requieren un mantenimiento tal que os distraerían de vuestro camino iluminado.

»Me gustan especialmente los sanadores que hay entre vosotros y debo admitir que tengo predilección por la juventud que ambiciona dedicarse a ello. Pedidme consejo sobre alquimia herbal, pociones, aceites y elixires. ¡Yo los infundo de una energía mágica del mayor calibre!»

Ayuda a:

- La alquimia
- La aromaterapia
- Conectar con los elementales (especialmente con las hadas)
- Obtener belleza, fuerza y atractivo femeninos
- Los sanadores, practicantes principiantes, estudiantes de sanación o personas que desean ser sanadoras
- La herbolaria
- Los caballos, sanando y protegiéndolos
- Los ciclos menstruales

INVOCACIÓN

Maeve acude siempre o donde se la necesite; no obstante, quizá descubras que tus primeras conversaciones con ella son más claras y más fáciles de percibir si las inicias en la naturaleza, al aire libre, especialmente ahí donde las flores crecen libremente. Observa una flor e imagina que las hadas revolotean entrando y saliendo de sus pétalos, cuidándolos con alegría y con amor. A continuación, di mentalmente:

«Reina Maeve, soy (di tu nombre). Me gustaría llegar a conocerte y te pido respetuosamente que seas mi mentora en mi trabajo de sanación y en mi camino espiritual. Estoy dedicado sinceramente a curar y prometo que continuaré cuidando del medio ambiente. Estoy dispuesto a ayudarte en tu misión de sanar al mundo y te pido que me lleves bajo tus alas poderosas y me guíes de una forma clara y potente. Gracias por abrirme las puertas a mi trabajo y mi carrera en la sanación».

Maitreya
(Budista, chino, Nueva Era)

También conocido como *Buda del Futuro, Buda Futuro, Señor Maitreya, Señor Maitreye Maitri, Buda Feliz, Hotei, Buda Riente, Buda Maitreya, Miroky-Bosatsu*

Los historiadores no se ponen de acuerdo respecto a la historia de Maitreya. Muchos estudiosos creen que fue un monje llamado Sthiramati, quien mostró gran compasión y bondad hacia los demás. Se dice que Sthiramati estuvo tan dedicado a crear felicidad que se le otorgó el nombre de Maitreya, que significa «el amoroso».

Sin embargo, en ocasiones se le llama Hotei, quien fue un monje de la dinastía T'ang conocido por regalar golosinas a los niños. Los budistas chinos creen que Hotei fue una de las encarnaciones de Maitreya. Otros creen que se encarnó durante la época de Krishna como el famoso Rishi, sobre el cual se escribe en los Vedas, y también durante la época de la vida terrenal de Gotama Buda.

En algunas poblaciones budistas se cree que Maitreya es el *bodhisattva* (el iluminado) sucesor de Gotama Siddharta como el siguiente Buda. Se le suele retratar como un Buda sonriente con una barriga prominente, llamado el «Buda Riente».

Se ha profetizado que, entre cuatro y cinco mil años después de que Gotama Buda abandonara su cuerpo físico, Maitreya reaparecerá en la Tierra en forma humana cuando el budismo necesite ser reavivado. Cuando lo haga, Maitreya enseñará y conducirá a la gente con su ejemplo y, finalmente, reemplazará a Gotama Buda como *el* Buda.

En los círculos de la Nueva Era se le llama Señor Maitreya y se le considera miembro de la Gran Hermandad Blanca junto con

Jesús, Saint-Germain y el arcángel Miguel. Se dice que es un maestro del sexto rayo de luz, el de la iluminación y la ascensión.

Hablé con Maitreya cuando me encontraba sentada delante de una gran estatua del Buda Riente que pareció cobrar vida en cuanto empecé a hablar mentalmente con él. Una amiga mía, Lynnette Brown, que estaba sentada a mi lado, también recibió mensajes similares de él y lo vio moverse y hablar.

Maitreya dijo: «*La risa es sagrada. Ríe más, juega más y canta más para armonizarte con el mundo natural. Incluso al canturrear dirige tu tono vibracional hacia fuera para que se funda con el universo y con toda la humanidad. La música es un don que se nos concede a todos desde la Totalidad. El propio Nirvana es una canción, una danza y un juego. Deléitate con el despliegue de este gran musical al que llamas 'vida' e invoca tu iluminación, no a través del esfuerzo, sino sobre las alas de la risa y las canciones.*

»*Llegará un día en que la alegría volverá a reinar. El Nirvana es alegría y risa despreocupada. Cuando ríes, estás más conectada con el Infinito porque el aliento emitido a través de la risa es la Totalidad. Un corazón lleno de regocijo, dicha, alegría y risas es un corazón lleno de la esencia del Nirvana. Querido Ser, sé eternamente como un niño y no te preocupes por tus ancestros o por la creación: está encerrada en una cámara de seguridad que nada puede penetrar o destruir. La vida misma es eterna y es un despliegue de alegría.*

»*Al centrar tu mente en la intención de divertirte, estás centrada en el momento y, así, capturas todo el sabor que hay en él de una forma tan deliciosa como una fruta dulce y jugosa. Saborea sus sensaciones deleitables y toda su variedad, pues la vida es un banquete y una fiesta. Y como si se tratara de un buffet en el que uno debe probar varios platos para adquirir la experiencia para saber lo que te gusta y lo que te disgusta, así también debes obtener conocimientos a través de una amplia variedad de experiencias. Y, por lo tanto, debes ser selectiva respecto a lo que pones en tu plato e introduces en tu estómago. Disfruta del proceso y no tengas miedo de saborear y probar las nuevas selecciones que aparecen delante de ti.*

»*La risa es verdaderamente la mejor de las medicinas. Os tomáis demasiado en serio y, al hacerlo, os alejáis del secreto de la armonía en vuestro planeta: vivir con alegría. Hoy, busca diez personas que no estén sonriendo y desvíate de tu camino para poner una sonrisa en sus rostros. De ese modo habrás encendido diez velas de luz en medio de la oscuridad.»*

Ayuda a:

- Tener alegría
- Que haya risas y buen humor
- Que haya ternura
- La paz, mundial y personal

Invocación

Imagina o contempla una imagen del Buda Riente, con su enorme sonrisa, los brazos extendidos alegremente hacia arriba y su enorme barriga sobresaliendo. Toda su actitud rezuma la completa liberación y el regocijo de una buena risa. Imagínate frotando su barriga, ¡y siente cuán «contagiosas» son su risa y su alegría! Quizá descubras que estás sonriendo, dejando escapar una risita o incluso riendo en voz alta. Nota cómo se llena tu corazón de amor cálido, de paz y de una seguridad absoluta.

Háblale mentalmente a Maitreya de cualquier situación o relación que te preocupe y observa cómo te ayuda a liberarte de la ansiedad. Él te asegura que intervendrá si tú prometes controlar tus preocupaciones y entregárselas inmediatamente. Siente cómo te quitan un peso de encima; debes saber que no hay nada que temer.

Después de pasar un rato con Maitreya, mira una película cómica, lee un libro humorístico o intercambia historias tontas con un amigo o una amiga. La idea es entregarle totalmente la situación mediante el proceso de jugar, reír y divertirte inmediatamente después.

María, la Amada Madre
(Judeocristiana, católica)

También conocida como la Madre María, Nuestra Señora de Guadalupe, la Virgen María, Reina de los Ángeles.

Los datos históricos acerca de María no son muy conocidos, ya que los cuatro Evangelios que la describen no entran en mucho detalle. Existen otros documentos sobre ella, como el *Proto-Evangelio de Santiago*, que hablan de su nacimiento, su infancia y su vida adulta pero los estudiosos no se ponen de acuerdo respecto a la validez de dichos textos. Y luego están los libros de la Nueva Era, que ofrecen información sobre la vida de María basándose en información canalizada u obtenida a través de regresiones.

Los Evangelios dicen que María vivió en Nazaret, un pueblecito de clase obrera. Vivía con su marido, José, con su hijo Jesús y, según los historiadores, con cuatro hijos y una hija del primer matrimonio de José. Es probable que, dado que su marido trabajaba fuera de casa como carpintero o fabricante de muebles, María pasara la mayor parte del tiempo atendiendo a la familia y a las necesidades de sus miembros. En aquella época la mayoría de mujeres no recibía ninguna educación y no sabía ni leer ni escribir. Los historiadores y los especialistas religiosos especulan que María tuvo una vida difícil, luchando por conseguir suficiente dinero para comprar alimentos y pagar impuestos, e intentando evitar los peligros de los continuos alzamientos militares y políticos.

Los autores de la Nueva Era conjeturan que María podría haber llevado a Jesús a Qumran y vivido temporalmente entre los Esenios, donde ambos aprendieron los secretos místicos de los manuscritos del Mar Muerto. Además, según su hipótesis, los hermanos y hermanas que había en la familia también eran hijos de María y José.

Recientemente, muchas personas, especialmente niños, han tenido visiones de la Virgen María en lugares como Fátima, Lourdes y Guadalupe. Sus apariciones y los mensajes que transmite a quienes la ven nos ayudan a reconocer la presencia de maestros milagrosos entre nosotros.

María ha sido llamada «la Reina de los Ángeles» y, ciertamente, su famosa interacción con el arcángel Gabriel durante la anunciación fue precursora de este título. Sus características actuales también son, definitivamente, angélicas: es uno de los seres más amorosos, pacientes y amables entre los maestros ascendidos. Los ángeles la adoran y trabajan con ella para efectuar milagros. Sin embargo, detrás de su amabilidad hay una «madraza» firme que nos advierte cariñosamente que debemos evolucionar.

María está especialmente interesada en los niños y nos aconseja que utilicemos la sabiduría, la inteligencia y el amor en nuestras decisiones como padres. Cuida especialmente de los nuevos «niños índigo y de cristal», que traen dones de salvación al planeta. María ayudará a cualquiera cuyo propósito en la vida incluya ayudar a los más pequeños y abrirá las puertas a los defensores de los menores. Ella asiste a las personas cuyas intenciones son benévolas con los niños, como las que buscan la abolición de los químicos que dañan la psique de los niños, incluyendo los pesticidas y aditivos en los alimentos y la medicación psicoactiva como el Ritalin.

Una mujer llamada Mary Frances me envió esta historia que explica cómo ayudó María a sus hijos y a ella:

«Tenía 39 años, estaba embarazada y tenía un considerable sobrepeso. Mi hija tenía siete años. Ese día estábamos cuidando de las hijas de una amiga y decidimos ir en coche a la costa para recoger conchas de mar. Llegamos a un terreno muy arenoso, aparcamos y disfrutamos de un día de playa. Luego subimos todos al coche ¡y resultó que no conseguimos sacarlo de la arena! Las ruedas estaban encalladas. Nos bajamos del coche para ver si conseguíamos que se moviera sin nuestro peso, pero no fue así. Nada parecía funcionar. ¡Estábamos atascadas y completamente solas en un lugar muy aislado!

»Mi hija empezó a llorar y a rezar en voz alta: 'Querida Virgen –dijo–, 'dijiste que te llamásemos siempre que necesitáramos tu ayuda. Estamos atascados en la arena, mi madre está embarazada y yo no puedo empujar el coche porque soy demasiado pequeña. Por favor, por favor, por favor'. Las otras dos niñas se rieron y me preguntaron: '¿De verdad se lo cree?'. '¡Por supuesto!', repliqué.

»Pero estaba oscureciendo y todas empezábamos a preocuparnos cuando, de la nada, apareció una camioneta con tres hombres en su interior. Se detuvieron y nos empujaron hasta sacarnos de la arena. Al poco rato estábamos de camino. No pude evitar mirar a las hijas de mi amiga y decir: '¿Lo veis?'.»

A menudo invoco a María para que me ayude con curaciones y orientación, y siempre descubro que llena mi corazón con un calor y un amor de lo más dulces. Recientemente, cuando visitaba un altar dedicado a ella en la magnífica catedral de Colonia (aproximadamente del año 1500), le pedí que me enviara un mensaje. La parte inferior de mi espalda estaba rígida y dolorida a causa del viaje, de modo que encendí una velita blanca delante de su estatua y solicité una curación. Mi vela se unió a una docena de ellas en una hermosa ceremonia de plegarias encendidas.

Supe que María estaba conmigo cuando sentí su conocida tarjeta de presentación: un amor cálido en mi corazón que inundó todo mi pecho y mi estómago e hizo que mi respiración se hiciera más profunda.

«*Compasión* –me dijo inmediatamente al oído con una voz dulce, como la música del viento que sopla entre las hojas primaverales–. *Compasión es lo que más necesita el mundo, lo cual significa amor unido a una comprensión del punto de vista y los sentimientos de la otra persona.*

»*Toda esta lucha surge de un deseo agresivo de compasión; un deseo de obligar a las partes implicadas a estar de acuerdo con uno, porque todo el mundo tiene demasiado miedo de admitir que puede ver y compren-*

der por qué el otro actúa de ese modo. Baja la guardia y ven a mí para reunirte con todos los demás. ¡Rodéame con tus brazos y siente mi abrazo! Permíteme calmar tus nervios destrozados y tus sentimientos heridos.

»Venid a mí, vosotros que estáis asustados. Os ayudaré a elevaros por encima de toda lucha y sufrimiento para que podáis ver el punto de vista ilimitado de todos los demás. Veréis que aquellas personas a las que teméis o resentís son simplemente unos niños que también están asustados.

»Baja la guardia, humanidad. Estáis cansados de defenderos continuamente de unos peligros imaginarios que son vuestra propia creación. No tengáis miedo de la verdad, pues ella vence a todos los temores. Y la verdad pura que nunca vacila es que vuestro Padre os ama eternamente. Permitidme que vierta este amor sobre vosotros y os cubra con su poder sanador. Podéis bañaros en este manantial de amor Divino en cualquier momento, simplemente volviendo a unir vuestros pensamientos con los de Dios. ¿Cómo se hace esto? Teniendo compasión de vosotros mismos y de los demás. Si eres incapaz de alcanzar este estado, deja que yo te ayude. Porque, al igual que tu Padre, siempre te amaré, eternamente.»

Me puse de pie y salí de la catedral. Ya no sentía ningún dolor en la espalda.

Ayuda a:

- La adopción de niños
- Los niños, en todos los temas relacionados con ellos
- Los niños, dando apoyo a quienes los ayudan
- La fertilidad
- Todo tipo de curaciones
- Tener compasión

INVOCACIÓN

María acude al lado de cualquier persona que la invoque, independientemente de su religión o de cuál haya sido su comportamiento en el pasado. Todo lo ama y todo lo perdona. Es posible que, cuando ella aparezca, percibas una fragancia de flores o veas destellos de luces de un tono azul aciano. Tendrás una sensación de paz y seguridad, como si una madre poderosa y cariñosa hubiese entrado en la habitación de un niño para alejar las pesadillas y reemplazarlas con dulces sueños.

Invoca a María imaginando o contemplando una imagen o estatua que la represente, o llámala en voz alta, o mentalmente:

«Querida María, Reina de los Ángeles y Madre de Jesús, solicito tu ayuda. (Describe el problema). Gracias por bañar esta situación con tus bendiciones y por darme la comprensión necesaria para aprender y crecer a partir de esta experiencia. Gracias por mostrarme cuál es la voluntad de Dios para que todos podamos estar en paz.»

Melchizedek

(Judaísmo, Nueva Era)

Se dice que el nombre de Melchizedek significa «rey de la rectitud» o «rey genuino o verdadero». Él fue un rey-sacerdote cananeo en Salem (ahora conocida como Jerusalén) y fue maestro de Abraham. Los antiguos textos místicos lo describen como alguien que dirige la liberación del espíritu a gran escala, trabajando en conjunción con el arcángel Miguel

Las descripciones de la historia de Melchizedek son contradictorias. En los manuscritos del Mar Muerto se le llama Miguel y existen algunas alusiones al hecho de que era uno y el mismo con el arcángel Miguel y con Jesús. Esta última especulación se hace eco de las cartas del apóstol Pablo a los hebreos, en las cuales se hace referencia a Melchizedek y a Jesús como unos grandes sumos sacerdotes, y se dice que Melchizedek fue un anuncio de la aparición de Jesús en la Tierra. El texto espiritual oriental *Nag Hammadi* también comenta que Melchizedek fue una encarnación anterior de Jesucristo.

Según el *Libro de Enoch*, Melchizedek era hijo Nir, el hermano de Noé. La esposa de Nir murió antes de dar a luz a Melchizedek y éste nació póstumamente del vientre de su madre. No obstante, también existe la conjetura de que en realidad él es Shem, hijo de Noé.

Se dice que Melchizedeck realizó la primera ofrenda de pan y vino a Abraham para su victoria militar. En una escultura de piedra que se encuentra en la catedral de Chartres, en Francia, incluso se le representa sosteniendo una copa o cáliz. San Pablo dijo que Jesucristo era un sacerdote en concordancia con la orden de (o en sucesión de) Melchizedek, porque más adelante Jesús instituyó el uso del pan y el vino en el sacrificio eucarístico en la Última Cena. El Concilio de Trento incluso mencionó que Melchizedek ofrecía pan y vino, y que luego Jesús instituyó esto en la Última Cena.

En los círculos de la Nueva Era, Melchizedek es considerado como un grupo de seres de un nivel espiritual superior que son custodios y maestros de los antiguos secretos esotéricos. Este grupo a veces es llamado «los Sacerdotes Cósmicos» o la «Orden de Melchizedek» y se describe en los Salmos: «*El Señor ha jurado, y no cambiará de opinión, que eres un sacerdote siempre en concordancia con la orden de Melchizedek.*»

Cuando invoqué a Melchizedek, apareció ante mí un hombre sumamente alto con unos ojos azules penetrantes. Me mostró que él supervisa una estación de cambio hacia la cual fluyen varios colores del arco iris. Estos tonos son las energías de las vibraciones universales que emiten todas las cosas: los planetas y las estrellas, las organizaciones, los pensamientos y las emociones.

«Yo formo parte de un programa regulador que equilibra y armoniza todas las energías –dijo Melchizedek–. Estas energías están fluyendo continuamente y forman la estructura básica del universo. Todas las sustancias son formuladas desde estos agentes y, además, todas las partículas atómicas giran en torno a ellos. De modo que, para reordenar la sustancia de una situación, debes invocar a los colores interiores para que la reorganicen de manera que existan diferentes cantidades de colores y su orden de aparición cambie.

»Una reducción de la esencia roja, por ejemplo, reduce el umbral del dolor. Al reducirse la tolerancia al dolor, la situación debe tornarse más suave y amable. Las fórmulas para recrear situaciones utilizando colores son una ciencia sagrada sumamente compleja. Probablemente sea mejor para vosotros implicar a mi organización en este proceso. Nosotros operamos sobre la Ley de la No Interferencia con vuestras actividades en la Tierra. No obstante, somos fácilmente accesibles para aquellos que dirigen su atención hacia nosotros y solicitan nuestra ayuda.»

Melchizedek me mostró el modo en que su sistema regulador podía reordenar y reorganizar la materia volviendo a mezclar sus componentes de energía de color. Esto podría utilizarse para deshacer una situación negativa, para incrementar el flujo y el suministro, y para crear o atraer nuevas sustancias o situaciones.

Ayuda a:

- La corrección de una situación desagradable
- La comprensión esotérica
- La manifestación
- La purificación
- Obtener protección contra ataques psíquicos
- La liberación del espíritu
- Las terapias que utilizan colores (es decir, Aura-Soma, limpieza de chakras, cristales, Feng Shui, Reiki, etc.).

Invocación

«Sabiduría de Melchizedek, poder de Melchizedek, orden de Melchizedek, os invito e invoco vuestra presencia y protección. ¡Gracias, Melchizedek, por eliminar por completo todas las energías inferiores! Gracias por purificarme y purificar esta situación. Gracias, Melchizedek por reordenar esta situación para que refleje únicamente las leyes y energías espirituales más elevadas. Sabiduría, poder y orden divinos, guiad mis actos, mis pensamientos y mis palabras, y yo estaré a salvo y protegido en todos los sentidos.»

Merlín
(Celta, Reino Unido)

También conocido como *Merddin, Myrddin, Merlyn, Emrys.*

Merlín, una figura controvertida (¿vivió realmente o fue una mera leyenda?), representa el gran arquetipo del viejo sabio-mago. Se le conoce como un poderoso mago, un maestro espiritual y un clarividente visionario que ayudó al rey Arturo durante el siglo V en Camelot, Gales. Está asociado a las diosas de Avalon y Glastonbury, incluyendo a Viviane, Guinevere y la Dama del Lago.

Quienes cuestionan su realidad como ser humano dicen que la figura de Merlín puede haber estado basada en un antiguo místico druida. Aparentemente no hay información sobre él, pero existen muchas divinidades que no tuvieron una vida física y aun así son poderosas y reales para nosotros en el mundo del espíritu. Merlín es una de ellas. Aunque algunos filósofos de la Nueva Era argumentan que él fue una de las primeras encarnaciones de Saint-Germain, muchos de mis colegas, a los que respeto, y yo hemos interactuado con su espíritu y consideramos que se trata de una personalidad bastante diferenciada y separada de Saint-Germain.

Merlín está encantado de dar apoyo mágico a los trabajadores de luz, pero siempre nos advierte de que debemos usar a nuestros «magos interiores» en nombre del servicio espiritual y no para nuestro propio beneficio.

Cuando me encontraba en el círculo de Stonehenge en Inglaterra, me pareció apropiado pedir a Merlín que hablara a los lectores de este libro. «*Bienvenidos a la Escuela de Misterio* –dijo–, *donde conviven tanto los misterios oscuros como los luminosos. Yo soy el cam-*

peón de la oscuridad y de la luz, pues reconozco el poder que hay en ambas si uno se aproxima a ellas sin temor, pero con un absoluto respeto por su fuerza. Si lo que buscas es un aumento de tus conocimientos mágicos, lanzar un hechizo, o la fuerza y el poder interiores, no dejes de llamarme. Me complace enseñar y guiar, pero ten en cuenta que soy percibido como un amo poderoso, alguien que no cae ligeramente en la glotonería o en la indolencia. Cuando me invoques, prepárate para trabajar duro sin concesiones.»

Ayuda a:

- La alquimia
- Los cristales
- La magia divina
- El trabajo energético y la sanación
- Las profecías y la adivinación
- El cambio de forma
- Los saltos en el tiempo

INVOCACIÓN

Durante su vida mortal, Merlín pasaba muy poco tiempo bajo techo. Abandonaba Camelot con frecuencia para meditar a solas en el bosque y únicamente regresaba cuando Arturo u otra persona lo llamaban para solicitar su ayuda. Por esta razón es mejor invocarlo al aire libre, especialmente estando rodeado de árboles.

Merlín conoce tus intenciones antes de que tú lo llames. Sabe quién eres, en qué situaciones deseas que te ayude y cuál es la mejor solución. Pero él espera antes de acercarse a ti, examinándote primero para ver si eres un estudiante dispuesto a aprender a través de un largo camino, o alguien que sólo quiere un arreglo rápido.

Merlín acude al lado de aquellos que tienen el deseo sincero de aprender los secretos espirituales de la alquimia, la magia divina y las técnicas de manifestación, los cuales serán utilizados en la luz y no para la glorificación personal. Él insiste a sus alumnos en que estas habilidades nunca deben utilizarse para dañar o destruir a nadie o a nada, ni física ni emocionalmente. El conocimiento de Merlín es su posesión más preciada y él lo comparte gustosamente con aquellas personas cuyos corazones son amorosos y puros.

No te hará ningún daño invocar a Merlín, incluso si no estás seguro de estar preparado para hacerlo. *Él* lo sabe. Simplemente piensa en su nombre y pídele mentalmente que venga y que te ayude. Si estás listo para aprender y trabajar, sentirás su presencia y oirás mentalmente sus palabras. Si no lo estás, Merlín te guiará hasta un arcángel o maestro que pueda prepararte para ello. De cualquier forma, dale las gracias por su amoroso cuidado.

Moisés
(Judeocristiano)

El profeta Moisés fue llamado por Dios para que liberara a su pueblo de la esclavitud en Egipto y lo condujera hasta la «tierra prometida de leche y miel», en Israel. Moisés caminó junto con las doce tribus de Israel por el desierto y las vastas tierras. Finalmente, después de cuarenta años de viaje continuo, fue impulsado a subir al Monte Sinaí, donde recibió la garantía de Dios de que su pueblo sería conducido hasta la tierra prometida. Dios le entregó los diez mandamientos y le pidió que se los transmitiera a los israelitas. Ésta fue la base del monoteísmo, pues el primer mandamiento dice que no se debe adorar a otros dioses.

Moisés, hijo de Amram y Jochebed, nació en el siglo XV a. de C. en Egipto. El Faraón, al sentirse amenazado por el creciente poder y la riqueza de los judíos, ordenó la muerte de todos los bebés recién nacidos de dicha raza. La madre de Moisés lo colocó dentro de un canasto de junco y lo puso a flote en el río Nilo con la esperanza de que el bebé atraería la atención y la compasión de la hija del Faraón. Su plan funcionó y Moisés fue criado en el palacio del Faraón como un hijo de la realeza.

Los relatos bíblicos que cuentan que Dios enseñó a Moisés a realizar hazañas milagrosas incluyen, entre otros, a Moisés golpeando una roca de la que salió suficiente agua para calmar la sed de todo un grupo de personas y animales, abriendo el mar Rojo y atravesándolo a pie, teniendo unas conversaciones claras con Dios a través de un arbusto en llamas y haciendo que una serpiente se convirtiera en una vara.

Moisés fue una prueba del milagro que supone seguir fielmente la guía divina.

Él ayuda a los aspirantes y maestros espirituales de cualquier fe y religión, y es uno de mis propios guías. Mientras me encontraba en la costa occidental de Nueva Zelanda, Moisés me transmitió un mensaje profundamente conmovedor. Sus palabras siguen ayudándome e intrigándome: «*El esforzarse coloca inherentemente la intención en el futuro, con tu concentración y propósito centrados en las ganancias y las mejoras subsiguientes. Es mucho mejor permanecer con tu situación actual y conseguir disfrutar, y extraer la suma de las lecciones obtenidas de dicho marco antes de pasar a un nuevo juego. Retira tus planes para el futuro y concéntrate en este momento. Percibe dónde te encuentras, cómo llegaste hasta aquí y qué circunstancias produjeron tu llegada.*

»Cuando hayas alcanzado la comprensión, pasa al siguiente momento, y así sucesivamente. El tiempo futuro te mantiene atrapado en un vacío que destruye tu capacidad de recibir apoyo, lecciones, orientación y sustento del presente.

La lección monumental para todos los mortales es aprender a apreciar cualquier circunstancia que surja. No intentes cambiar una nueva situación hasta haber extraído completamente cada minuto de disfrute del presente. La vida **trata acerca de** *lo que te está ocurriendo ahora; eso es lo único que importa.*»

Ayuda a:

- Tratar con figuras de autoridad y negociar con ellas
- Tener una comunicación clara con Dios
- Ser valientes
- Tener fe
- Conseguir o aumentar el liderazgo
- La realización de milagros

INVOCACIÓN

La historia de la vida de Moisés es un testamento sobre lo que significa aceptar el papel de líder, incluso cuando uno se siente inseguro o cree que no está cualificado para dicha función. De la misma manera, él puede ayudarte a afrontar tus problemas y a que hagas tu trabajo lo mejor posible. Invócalo siempre que te sientas inseguro respecto a tu poder o tus habilidades:

«Amado Moisés, por favor, dame tu valentía y ayúdame a superar el miedo y a eliminar las dudas. Te pido que llenes mi corazón con fe en las habilidades que Dios me ha dado. Por favor, guía mis palabras y mis actos para que pueda conducir y orientar a otras personas de acuerdo con la voluntad divina. Gracias.»

Nemétona
(Inglaterra)

También conocida como *La de la Arboleda Sagrada.*

Nemétona es la diosa celta de los lugares de poder, los suelos y los círculos sagrados, los laberintos y las ruedas medicinales.

En Bath, el antiguo balneario sanador del sur de Inglaterra, hay un santuario para Nemétona. En la antigüedad, los celtas nunca realizaban ceremonias sagradas bajo techo, sino al aire libre. Nemétona vela por estas reuniones como lo haría un ángel o maestro en la actualidad por una iglesia o un templo.

Hablé con Nemétona, apropiadamente, en el círculo sagrado de Stonehenge, no muy lejos de Bath. Me pareció que era seria, majestuosa y severa, de una forma sumamente amorosa pero sensata. Infundida de una energía antigua, ella monta guardia en los lugares de poder, conteniendo la energía de las oraciones invocadas por las personas que visitan estas tierras.

Nemétona ha supervisado rituales y ceremonias sagradas al aire libre desde tiempos remotos (ella me explicó que todos ellos tienen lugar simultáneamente, y no en un tiempo lineal).

«*Cuando rezas en un lugar de poder sagrado* –dijo Nemétona–, *te unes a una realidad simultánea con los rituales antiguos que se están realizando en ese momento en una dimensión paralela. Las oraciones para pedir un aumento de poder, de las habilidades psíquicas y de manifestación se unen a las antiguas danzas tribales y a las plegarias de los ritos sagrados.*»

Ayuda a:

- Obtener orientación, sabiduría y protección en las ceremonias
- La limpieza de espacios en el jardín delantero y trasero de tu casa

Invocación

Cuando inicies una ceremonia, especialmente si en ella habrá gente de pie o sentada en un círculo, o caminando por un laberinto, invoca a Nemétona para que supervise el proceso:

«Diosa sagrada, Nemétona, te invitamos a estar presente y participar en nuestro círculo. Por favor, infúndelo de tu energía mágicamente amorosa y bendice a todos los participantes en nuestra ceremonia. Por favor, Nemétona, limpia el espacio que hay dentro, alrededor, debajo y encima de nuestro círculo. Gracias.»

Oonagh
(Irlanda)

También conocida como *Onaugh, Oona.*

Oonagh se casó con Fionnbharr, el jefe de los *Tuatha Dé Danaans*, los habitantes de Irlanda antes de que los gaélicos invadieran esas tierras. Los Tuathas se convirtieron en duendes después de la invasión. Oonagh fue fiel y paciente con su marido, a pesar de que él tuvo varias aventuras con mujeres humanas.

En el arte, Oonagh es retratada con un cabello dorado tan largo que toca el suelo. Es una diosa de la devoción en las relaciones amorosas, en la estética y en la magia, y además es una reina de las hadas.

Invoqué a Oonagh cuando me encontraba sentada en medio de un jardín encantado irlandés. Tuve la hermosa visión de una luz opalescente, trémula, resplandeciente y, en medio de ella, el hada más radiante brillando desde su interior. De ella emanaba una música semejante a un coro celestial y un murmullo instrumental, como si cada movimiento provocara una rapsodia eléctrica de melodías. Oonagh no dijo nada; se limitó a brillar con alegría, amor y belleza.

Cuando le pregunté qué quería decirles a los lectores de este libro, simplemente dejó escapar esta palabra: «*Amor*». Después de unos minutos de un silencio elocuente, continuó: «*Permaneced en el Amor. No 'enamorados', como en una relación de pareja, sino estacionados en medio del Amor. Eso es lo que ves brillando a mi alrededor. Por eso tu respiración se hizo más profunda, tu ritmo cardíaco aumentó y sonreíste cuando me viste por primera vez.*

»*Yo soy quien inspira el ballet y otras danzas encantadoras, pues las hadas de las flores nos han enseñado a ser graciosas bailarinas de muchas maneras. Utilizamos el movimiento para hacer que vuestro corazón se infle de emoción y gratitud. Estar quietos durante demasiado tiempo hace que las piernas se hinchen y el cuerpo se sienta viejo y cansado. Invocadme para que os motive para hacer ejercicio físico y os visitaré al anochecer y luego otra vez justo antes del amanecer. Espolvorearé sobre vosotros mis mágicos y poderosos polvos encantados para poneros en movimiento al despertar. Actuaré como una fisioterapeuta y profesora de danza para animaros a que os estiréis, balanceéis y bailéis a los ritmos de la naturaleza y la música, y disfrutéis de la belleza y la gracia de vuestro cuerpo celestial. Vivid en el amor.*»*

Ayuda a:

- Tener belleza y atractivo
- La danza y el movimiento
- La magia divina
- El ejercicio físico y la motivación
- Contactar con las hadas
- Las relaciones sentimentales, en todos sus aspectos

INVOCACIÓN

Oonagh adora bailar y mover el cuerpo, y le encanta que nosotros lo hagamos con ella. Para sincronizar con la presencia de Oonagh, imagina que eres una graciosa bailarina (o bailarín) danzando entre las flores. Mejor aún, ponte de pie y baila en un campo de flores imaginario o real. Mientras te mueves en tu imaginación, o en la realidad, piensa varias veces en la palabra amor. Luego pide mentalmente a Oonagh que baile contigo. Cuando ella se mueva a tu lado, mantén una conversación mental con ella sobre tu vida amorosa. No te guardes nada; dile todo lo que tengas en la mente: preocupaciones, deseos, problemas de relaciones anteriores y situaciones actuales. Nota cómo ella elimina la pesadez de tu corazón durante esta conversación y te ayuda a sentirte liviano/a y despreocupado/a, lo cual es la esencia de la fe. Dale las gracias a Oonagh por su danza y su ayuda.

Pele

(Hawai)

Ka-'ula-o-ke-ahí

También conocida como *Ka-'ula-o-ke-ahí: La Rojez del Fuego.*

Pele es la diosa del fuego que rige los volcanes de Hawai y adopta diversas formas: es una muchacha hermosa, una vieja bruja, un perro y una llama. En las islas hawaianas es muy respetada por ser una deidad poderosa.

Existen muchas leyendas en torno al origen de Pele. Un tema común es su rivalidad con su hermana mayor, Hiiaka, diosa del océano. Cuando Pele decidió utilizar su poder de fuego para hacer que surgiera tierra del mar para crear nuevas islas, su hermana se enfrentó a ella. Hiiaka vertió agua sobre la querida lava de Pele y el vapor de las dos hermanas que guerreaban salió de los volcanes.

Otras historias hablan de los amores trágicos de Pele con mortales y con dioses. Se dice que la lava es el cabello y las lágrimas de la diosa por la angustia de su vida amorosa. Se ha dicho que si uno se lleva rocas de lava de las islas hawaianas, ello provocará la ira de Pele. Supuestamente, varios turistas han devuelto la lava a las islas por correo para acabar con los golpes de mala suerte sufridos tras habérsela llevado a casa.

Pele es una diosa poderosa pero fiable que nos ayuda a conocer nuestras pasiones y los verdaderos deseos de nuestro corazón. En Kona, ella me dijo: «*Cada uno de nosotros tiene un fuego ardiente en su interior que cuando es canalizado adecuadamente provee pasión y un sentido de propósito. Si al seguir nuestros deseos y pasiones nos negamos a nosotros mismos, podemos hacer erupción como un volcán de furia. Sin embargo, incluso entonces podemos convertir nuestra ira e indignación en formas creativas de belleza, de una manera muy similar a cuando mi lava se endurece y se convierte en roca, permitiendo que se forme un nuevo suelo y nuevas extensiones de mis islas.»*

Pele también nos ayuda a ser más honestos en las relaciones, especialmente cuando nos sentimos enfadados o heridos. Ella sabe que si mantenemos los sentimientos enterrados en nuestro interior, la ira oculta sofocará y extinguirá las llamas de la pasión, o hará explosión como un volcán. Pídele orientación cuando necesites decirle a una persona que estás enfadado (o enfadada) con ella, para poder mantener viva la pasión en dicha relación.

Ayuda a:

- Obtener poder
- Tener energía
- El establecimiento de metas y su consecución
- La comunicación honesta en las relaciones
- La pasión
- Tener prioridades

INVOCACIÓN

Como diosa del fuego sagrado, Pele nos ayuda a hacer arder la llama de la pasión en nuestras profesiones, relaciones y vidas en general. Si sientes que tu vida está falta de color en algún aspecto, invoca a Pele para que te ayude. En primer lugar, enciende una vela de un color cálido (como rojo, naranja, amarillo o blanco), luego mira fijamente a la llama y di con una gran reverencia y respeto:

«Sagrada diosa Pele, solicito tu ayuda para avivar mi llama interior. Ayúdame a ser iluminado/a con la pasión por la vida. (Si tienes algún proyecto o relación especial respecto al cual te gustaría entusiasmarte, descríbelo ahora). Ayúdame a atemperar esta pasión con amorosa bondad y reunir el valor para decir lo que siento si el enfado surge en mi interior.»

San Francisco
(Católico)

*También conocido como san Francisco de Asís,
Francisco Bernardone, Poverello.*

Nacido como Francisco Bernardone en 1181, en Asís (Italia), en el seno de una familia adinerada, pasó su juventud metiéndose en problemas. Siendo un adulto joven, sirvió durante un tiempo como soldado y fue encarcelado. Estando en la prisión de Perugia, Francisco tuvo una epifanía en la cual oyó a Jesús decirle que abandonara su vida mundana. Esta experiencia lo transformó profundamente y cuando fue liberado siguió un camino de espiritualidad y devoción.

Francisco llevó una vida de asceta, vistiendo y actuando como un mendigo al tiempo que predicaba sobre Jesús y la paz. Trabajó como voluntario en hospitales atendiendo a los enfermos y en 1212 creó la orden espiritual de los franciscanos.

Una de las mejores maneras de recordar a Francisco es en la relación estilo «Dr. Doolittle» que tenía con los animales. Dice la leyenda que durante una salida vio a una manada de aves, se detuvo y le empezó a rezar. Los pájaros lo miraron con atención y se comportaron como miembros de un público embelesado. Cuando Francisco hubo acabado, caminó junto a ellos, incluso rozándolos con su chaqueta, pero éstos no se movieron. Después de esta experiencia, Francisco empezó a predicar a las aves, a los animales y a los reptiles sobre el amor de Dios. Éstos le respondían como animales mansos, no salvajes. Los pájaros, por ejemplo, permanecían en silencio mientras él les hablaba, y en una ocasión una liebre salvaje que no dejó de saltar a su regazo a pesar de que Francisco la dejó en el suelo repetidas veces. Asimismo, un lobo acusado de matar y herir a personas y animales se convirtió en un animal plácido bajo la amorosa guía del santo.

Éste escribió varias plegarias y meditaciones, incluyendo la famosa Oración de San Francisco:

> *Señor, haz de mí un instrumento de tu paz;*
> *donde haya odio, permíteme sembrar amor;*
> *donde haya daño, perdón;*
> *donde haya desesperación, esperanza;*
> *donde haya oscuridad, luz;*
> *y donde haya tristeza, alegría.*
> *O Maestro Divino, concédeme que no busque tanto*
> *ser consolado, como consolar;*
> *ser comprendido, como comprender;*
> *ser amado, como amar;*
> *pues es al dar que recibimos,*
> *es al perdonar que somos perdonados,*
> *y es al morir* (a nosotros mismos) *que nacemos a la vida eterna.*

Francisco entró en el mundo espiritual el 4 de octubre de 1226 y fue canonizado dos años más tarde como san Francisco de Asís.

He visto a san Francisco en presencia de muchos de mis clientes que son amantes de los animales, o cuyo propósito en la vida incluye ayudar y sanar a esas maravillosas criaturas. Él sigue siendo un apasionado defensor de ellos y nos ayuda a aprender de esos seres sabios y amables con los que compartimos el planeta.

Ayuda a:

- La comunicación con los animales y a su curación
- Encontrar una profesión significativa
- La ecología

- Encontrar un propósito en la vida
- La paz, personal y mundial
- La devoción espiritual
- La juventud, intentando acabar con la delincuencia

Invocación

Puesto que san Francisco está tan estrechamente asociado a la naturaleza y a los animales, sentirás la mayor conexión con él en un entrono natural o en compañía de tus animales domésticos u otros. San Francisco, un ser generoso como un abuelo, acudirá al lado de cualquier persona que lo invoque, especialmente si está dispuesta a ayudar a los animales o al medio ambiente. Si te encuentras al aire libre en medio de la naturaleza, utiliza todos tus sentidos para disfrutar de la belleza: oler las fragancias, oír los sonidos y sentir el viento rozándote. Si estás dentro de casa con tus animales domésticos, utiliza también tus sentidos para percibir los detalles. Lo importante es bajar el ritmo y apreciar la complejidad y el encanto de la naturaleza.

Mientras estás inmerso en la apreciación, pide mentalmente a san Francisco que se una a ti (probablemente ya lo ha hecho, antes de que lo llamaras). Cuando sientas su presencia, dedica unos minutos a hablarle cordialmente, como si estuvieras charlando con un amigo.

San Francisco siempre nos pide que dediquemos un tiempo a apreciar el momento, de modo que no es necesario que corras para pedirle ayuda o que te dé una asignación divina. Simplemente disfruta de la conversación mental y permite que los temas fluyan naturalmente hasta el momento en que solicites su asistencia. Cuando desarrolles este lazo de amistad, empezaréis a apoyaros mutuamente: tú desde tu lugar estratégico en el plano terrestre y él desde su hogar celestial.

Saint-Germain
(Nueva Era)

También conocido como *Comte de Saint-Germain,*
el conde de Saint-Germain, der Wundermann, Saint Germaine,
Saint Germain, el hombre milagroso de Europa.

Saint-Germain no es un santo en el sentido católico del término y no debería confundirse con «Saint Germaine Cousin», ni con «Saint Germanus», ambos auténticos santos católicos. Antes bien, fue un hombre real, conde de la región francesa llamada «Saint-Germain».

Su nombre completo es Comte de Saint-Germain, o el conde de Saint-Germain. Nació de sangre real en alguna fecha entre 1690 y 1710, aunque la información existente sobre el linaje de sus padres es contradictoria. Algunos dicen que su madre fue Marie de Neubourg, viuda del rey Carlos II de España y que su padre fue el conde Adanero. Otros (particularmente los asociados a la Teosofía) sostienen que su padre fue el príncipe Ragoczy de Transilvania. Unos cuantos informes dicen que *él* fue el príncipe Ragoczy, pero otros afirman que fue un judío portugués.

Independientemente de su origen, la historia muestra que el conde de Saint Germain se codeaba con la alta sociedad y la realeza europea. Era un hombre de muchos talentos: tocaba el violín como un virtuoso, realizaba lecturas clarividentes, dominaba varias lenguas y pintaba unos cuadros exquisitos. Además, dedicaba tiempo al estudio y la enseñanza de temas ocultos y de la alquimia, y participó en la fundación de varias sociedades secretas, incluida la de los francmasones. Se jactaba de ser capaz de convertir el plomo en oro y de conocer una técnica secreta para eliminar los defectos de los diamantes al tiempo que aumentaba su tamaño.

Además, Saint-Germain regalaba a sus amigos elixires que, supuestamente, borraban las arrugas y devolvían la juventud. Esto podría ser cierto, ya que la mayoría de los relatos de importancia afirman que tuvo el aspecto de un hombre de mediana edad a lo largo de su vida. También se dice que, aunque salía a cenar con sus amigos con frecuencia, nunca comía en público. Le dijo a mucha gente que el único alimento que ingería era una mezcla especial a base de harina de avena que preparaba en su casa.

Los relatos dicen que Saint-Germain era bastante rico, aunque nunca se determinó la fuente de su riqueza. Lo entusiasmaban las piedras preciosas (¿o eran cristales?) y las llevaba consigo, regalándolas con frecuencia. En sus obras de arte pintaba gemas de colores fuertes y atrevidos.

Saint-Germain guardaba en secreto los detalles de su nacimiento y su historia personal, y en su época se le consideraba un hombre fascinantemente misterioso. Ocasionalmente hacía alguna referencia a sus vidas anteriores; por ejemplo, diciendo que había sido Nerón en Roma. También afirmaba que regresaría a Francia cien años más tarde. El príncipe Carlos de Hesse-Kassel, con quien Saint-Germain vivió y practicó la alquimia, contaba que el conde había muerto en su castillo el 27 de febrero de 1784. No obstante, varios relatos creíbles afirman que Saint-Germain fue visto muchos años más tarde. Se dice, por ejemplo, que existen documentos oficiales franmasones que demuestran que Saint-Germain fue el representante francés en su convención de 1785.

También estuvo profundamente implicado en la política francesa y trabajó al lado del rey Luis XVI en varias misiones. Se cree que Saint-Germain fue parcialmente responsable de que Catalina la Grande llegara al trono.

Saint-Germain, un visionario que ofrecía sus visiones psíquicas gratuitamente, realizó lecturas privadas para la realeza y personas de influencia social. Por ejemplo, habló a Maria Antonieta de sus profecías sobre la revolución francesa quince años antes de que ésta tuviera lugar. Ocasionalmente, el comportamiento y las excentricidades de Saint-Germain le crearon muchos problemas y fue arrestado en más de una ocasión.

Algunas personas creen que Saint-Germain alcanzó la inmortalidad y fingió su muerte para evitar atraer la atención. Annie Besant, una de las primeras teosofistas, afirmaba haberlo visto en 1896. Guy Ballard, cuyo seudónimo era Godre Ray King, relató que se había reunido con Saint-Germain en el Monte Shasta, en California, en los años treinta. Recientemente, Elizabeth Clare Prophet escribió y dio conferencias sobre el conde, poniendo énfasis en su creencia de que él lleva la llama violeta para transmutar las energías inferiores.

Las «Enseñanzas del Yo Soy», un trabajo de la Nueva Era relacionado con la Gran Hermandad Blanca (véase Glosario) considera que el papel de Saint-Germain en la historia es sumamente importante. En los círculos de la Nueva Era se cree que en sus vidas anteriores fue, entre otros, José, padre de Jesús; Merlín; Shakespeare y Cristóbal Colón. Se le considera el Señor o Chohan del Séptimo Rayo, que es el color violeta de alta frecuencia en la jerarquía de las vibraciones de color. En otras palabras, es una figura muy importante en el movimiento de ascensión para la raza humana y la Gran Hermandad Blanca.

Mi primera experiencia importante con Saint-Germain tuvo lugar en Atlanta mientras impartía una clase para principiantes sobre desarrollo psíquico. Los alumnos se colocaron en parejas, mirándose a la cara, y se hicieron lecturas mutuamente. Cuando terminaron les pedí que compartieran sus experiencias conmigo. Una mujer levantó la mano desde una esquina de la habitación. Era judía y las enseñanzas de la Nueva Era eran desconocidas para ella. Su pareja en este ejercicio había sido un sacerdote católico de Inglaterra y había volado hasta Atlanta para asistir a mis clases.

«¿Quién es Saint-Germain?», me preguntó la mujer. Ni ella ni su compañero habían oído hablar de ese hombre que había aparecido con fuerza en sus lecturas.

«¡A mí también se me apareció Saint-Germain!», dijo otro alumno en la esquina opuesta de la habitación. «¡A mí también!», exclamaron otros dos estudiantes. Lo curioso fue que los cuatro alumnos que se habían encontrado con el conde durante la lectura nunca habían oído hablar de él y habían estado sentados en rincones opuestos de la sala. Saint-Germain nos estaba demostrando que estaba ahí y en todas partes. Ese día comprendí que él instruiría a mis alumnos junto conmigo.

He llegado a conocer a Saint-Germain como un maestro ascendido amoroso y benévolo que desea trabajar con los trabajadores de luz; es decir, con las personas que desean ayudar a que el mundo limpie sus actos. Él les proporciona orientación, protección y valentía. No es casualidad que estas cualidades se parezcan a las que ofrece el arcángel Miguel, pues los dos trabajan juntos.

Ayuda a:

- La alquimia
- Interactuar cómodamente con personas de autoridad y gente influyente
- Tener valentía
- Tener una dirección
- Tener un propósito en la vida
- Las manifestaciones milagrosas
- Tener perseverancia
- Obtener protección psíquica
- La limpieza de espacios

San Juan de Dios
(Católico)

También conocido como *Joao Cidade, Juan Ciudad, el Padre de los Pobres*.

San Juan de Dios es el patrono de los enfermos mentales y físicos y de los empleados de hospitales. Además, ayuda a los vendedores de libros y a las personas que sufren dolencias cardíacas.

Nació como Joao (que significa Juan) Cidade en Portugal en el año 1495. A la edad de ocho años se mudó con su familia a España. Siendo joven, trabajó como pastor, soldado y vendedor ambulante de libros. En 1538 tuvo una epifanía después de oír a Juan de Ávila hablar sobre el arrepentimiento. Joao se desprendió de su dinero y de sus pertenencias y, a raíz de ello, fue hospitalizado en el ala de psiquiatría del Hospital Real.

La experiencia de la hospitalización fue degradante y horrible para él, y decidió dedicar su vida a mejorar el trato en los hospitales. Al salir de ahí no tenía donde vivir y se sentía desilusionado, lo cual le ayudó a desarrollar una fuerte afinidad con otras personas vagabundas y desamparadas.

Joao trabajó incansablemente para llegar a las personas que padecían enfermedades (mentales y físicas) y privaciones de todo tipo. Al principio, cuando el tiempo era inclemente, compartía el cobertizo de la casa de un amigo con quienes necesitaban abrigo. Éste fue el inicio de La Orden Hospitalaria San Juan de Dios que actualmente, 450 años después de su fundación, continúa ofreciendo cobijo a la gente en el mundo entero.

En Granada, su nueva ciudad en España, Joao compró un local y cuidó de los pobres, los mendigos, los enfermos y las personas no deseadas. Se hizo famoso por dar lo que podía, por mendigar para quienes estaban incapacitados para hacerlo e incluso por ayudar a cargar a quienes no podían caminar. Su lema era: «*Trabaja sin parar. Haz todas las buenas obras que puedas mientras te quede tiempo para hacerlas*», y dicen que aconsejaba a los demás citando el verso bíblico: «*Todo lo que hicisteis con cada uno de estos mis hermanos enfermos, conmigo lo hicisteis.*»

Dice la leyenda que cuando una persona era admitida en su hospital, él o uno de sus miembros la lavaban, la alimentaban y luego rezaban con ella. Comprensivo y alentador, Juan escuchaba los problemas de todo el mundo y ofrecía sus más sinceros consejos. La gente quedaba tan impresionada por su dedicación y honestidad que donaba dinero y se ofrecía voluntaria a ayudarlo en su servicio. Esas personas fueron quienes le dieron el título de «Juan de Dios».

Utilizando su posición con los poderosos, abogó con éxito por los pobres para mejorar sus condiciones. Gracias a las contribuciones y al trabajo de los dedicados voluntarios, la misión de Juan de Dios continúa divulgando el mensaje y la práctica de la «hospitalidad». Juan murió de neumonía el 8 de marzo de 1550, estando inmerso en la oración después de haber salvado a un hombre de morir ahogado.

San Juan de Dios es un ser jovial que rezuma alegría. El mero hecho de invocarlo es suficiente para mejorar el humor y levantar el ánimo. Él tranquiliza a aquellas personas que están deprimidas o preocupadas, y ayuda a la gente a sentirse segura física, emocional y económicamente. Invócalo ante la primera señal de tristeza, o para sanar un corazón roto.

Ayuda a:

- Calmar la ansiedad
- Eliminar la depresión
- Lograr la sanación
- Mitigar las dolencias del corazón
- Las personas hospitalizadas

- Aumentar la alegría
- La limpieza de espacios
- La dedicación espiritual

Invocación

San Juan de Dios acude al lado de cualquier persona, de cualquier fe religiosa o espiritual, que lo invoque simplemente pensando en su nombre. También puedes pedirle que visite a tus seres queridos o a tus clientes que estén deprimidos o ansiosos. O puedes mantener esta oración en tu mente para llamarlo a tu lado:

> «San Juan de Dios de corazón de oro, por favor, dame la alegría de Dios, que tú rezumas. Por favor, rodéame con tu cariño y tu atención. Ayúdame a eliminar los pensamientos y las actitudes pesimistas y a elevarme por encima de la apariencia de problemas. Ayúdame a confiar en el orden divino y a renunciar a la necesidad de control. Por favor, ayúdame a tener una mente llena de fe, un corazón lleno de alegría y una voz llena de risas. Por favor, guíame para que pueda vivir tu legado de ayuda a los demás y de servicio a Dios. Amén.»

Padre Pío
(Católico)

También conocido como *Francesco Forgione, san Pío de Pieltrecina.*

Nacido como Francesco Forgione el 25 de mayo de 1887 en Nápoles, Italia, cambió su nombre por el de Pío cuando entró en el monasterio capuchino a los 16 años. El padre Pío empezó a experimentar el estigma, una condición caracterizada por la aparición de dolor, heridas abiertas o sangre en las mismas zonas del cuerpo donde Jesús fue penetrado por los clavos y la corona de espinas. Las heridas y la sangre del estigma permanecieron visibles durante los siguientes 50 años.

Muchas personas han verificado curaciones milagrosas asociadas al padre Pío, tanto mientras vivía como posteriormente. Es renombrado por ayudar a los ciegos a ver y por sanar diversas heridas y enfermedades aparentemente incurables. Durante su vida, el padre Pío fue capaz de estar en dos sitios a la vez, de levitar y de predecir el futuro. Además, fundó un hospital y una serie de grupos de oración.

El padre Pío es una divinidad muy briosa, con un gran entusiasmo, alegría y una personalidad que revelan su profunda fe y su optimismo. Tiene una visión contagiosa y positiva. Probablemente te sentirás animado con el mero hecho de invocarlo.

Ayuda a:

- La vista, incluida la ceguera
- El perdón

- El incremento de las habilidades sanadoras
- Todo tipo de sanaciones
- Las profecías
- El crecimiento espiritual

INVOCACIÓN

A lo largo de su vida, el padre Pío realizó muchas curaciones desde su confesionario. Pedía a las personas que admitieran en voz alta la verdadera fuente subyacente de su dolor. Puedes hacer lo mismo mientras invocas al padre Pío para que interceda. Él ayuda por igual a gente de todos los credos y religiones. Un ejemplo de una invocación podía ser:

> «Amado padre Pío, por favor ayúdame (describe la situación). Reconozco que este problema ha agitado sentimientos perturbadores como (menciona las emociones que desees). Estoy dispuesto a perdonarme y perdonar a los demás totalmente en esta situación, y solicito tu ayuda para hacerlo. Por favor, ayúdame a mostrar luz, amor y perdón. Gracias, Dios. Gracias, Jesús. Gracias, padre Pío. Amén.»

Teresa de Lisieux
(Católica)

También conocida como *Teresa o Teresita del Niño Jesús,
La Pequeña Flor, La Pequeña Flor de Jesús.*

Teresa es una santa poderosa y amorosa proveniente de Francia. Sabrás que ha escuchado tus plegarias cuando veas rosas o percibas su fragancia. Nació como Therese Martín en 1873 y a los 15 años se hizo monja en un convento carmelita. Falleció a la corta edad de 24 años.

Muchas personas dicen haber experimentado curaciones verificadas después de rezar a santa Teresa o de visitar sus reliquias. En 1897, cuando yacía moribunda, Teresa dijo: «Después de mi muerte, dejaré caer una lluvia de rosas». Desde entonces, se la ha asociado a esas hermosas flores. Por esta razón es la santa patrona de los floristas; no obstante, ayuda mucho más, particularmente en el área de la sanación física.

Se dice que ayudó a varios aviadores durante la Segunda Guerra Mundial, de modo que también se la considera Santa Patrona de los pilotos, los asistentes de vuelo y el personal de la aviación militar.

En su autobiografía, *La Historia de un Alma,* Teresa comentaba que la simplicidad junto con la confianza y el amor a Dios eran las claves para vivir una vida feliz y sagrada. Decía que lo importante en la vida «no son los grandes hechos, sino el amor grandioso».

Mi primer encuentro con santa Teresa tuvo lugar en 1994, mientras meditaba. Me gustaba tanto meditar que pasaba horas con los ojos cerrados, simplemente escuchando y disfrutando de los maravillosos sentimientos de paz y amor divino. Un día, oí la voz de una mujer que me hablaba. Dijo «*Pequeña Flor*», y luego, «*Santa Teresa*». Puesto que yo no he recibido una formación católica, no sabía de quién se trataba, de modo que llamé a una iglesia católica de mi zona y le pedí información al cura. Él me explicó pacientemente la historia de santa Teresa y me habló de su conexión con la Pequeña Flor.

El sacerdote fue tan amable que reuní el valor para contarle la experiencia que había tenido durante la meditación. Él fue muy abierto y comprensivo y me dijo que el pensamiento de santa Teresa estaba conmigo debido a mi trabajo como consejera espiritual y sanadora. Me explicó que ella ayuda a las personas sinceras, independientemente de su fe.

Desde entonces he visto a santa Teresa con otras personas para las que he realizado lecturas. En ocasiones aparece junto a las mujeres que se llaman Therese o Teresa. Es maravilloso saber que sigo teniéndola como compañera constante y estable, y también como guía.

Ayuda a:

- La jardinería, especialmente con las flores
- Sanar todas las formas de enfermedad o lesión
- Los pilotos y los miembros de la tripulación de líneas aéreas
- Los consejeros espirituales

INVOCACIÓN

Los católicos suelen recitar la Oración de la Novena Rosa para solicitar las bendiciones de santa Teresa. Aquellos que no son católicos también pueden pedir la asistencia de esta amorosa santa. Se dice que si practicas esta devoción durante 9 y 24 días, verás una rosa como señal de que tu petición ha sido atendida y concedida:

«Oh, pequeña Teresa del Niño Jesús, por favor, elige una rosa para mí de los jardines celestiales y envíamela como un mensaje de amor. Oh, Pequeña Flor de Jesús, pídele hoy a Dios que me conceda los favores que ahora pongo con confianza en tus manos (menciona tus peticiones específicas). Santa Teresa, ayúdame a creer siempre en el gran amor de Dios, como lo hiciste tú, para que pueda imitar tu 'Pequeño Camino' cada día. Amén.»

Sanat Kumara
(Nueva Era)

También conocido como *Karttikeya, Sumara, Skanda-Karttikeya*.

Kumara es un dios guerrero dedicado a liberar a las personas y a la Tierra de entidades negativas y energías inferiores.

Las leyendas que explican la creación de Kumara abundan y tienen el denominador común de su relación con el número seis, quizá debido a su talento para desterrar a los espíritus negativos. Existe una historia que cuenta que el Cielo estaba plagado de demonios, de modo que Shiva utilizó la llama de su tercer ojo para engendrar seis hijos que se especializarían en matarlos. Pero la madre de los seis niños los abrazó con un amor tan entusiasta y apretó tanto sus cuerpos que acabó convirtiéndolos en un niño de seis cabezas.

Los hindúes veneran a Kumara como un líder entre los dioses que destierra la oscuridad de las mentes de los hombres y los espíritus. Se cree que sus actividades de matar demonios son metafóricas y simbolizan el hecho de acabar con la ignorancia.

En los círculos de la Nueva Era es aclamado como un miembro de la Gran Hermandad Blanca que trabaja junto a Jesús y el arcángel Miguel para ayudar al planeta y a su población en el proceso de ascensión.

Dice Sanat Kumara: «*El poder es mi centro de atención: el poder para uno y para todos... devolver el poder personal a las personas en todas partes, directamente desde la Gran Fuente de Todo. A través de mi toma de consciencia de la Gran Totalidad, soy capaz de acceder a su plenitud, recurrir al suministro de poder y distribuirlo a todos. Cuando se ilumina a las masas con este poder personal, hay una infusión de jus-*

ticia y gracia al mundo, pues nadie puede usurpar tus fronteras personales cuando sabes que tu suministro de poder es ilimitado y que está completamente libre de trabas. Apóyate en este conocimiento y nunca tengas miedo de ejercitar tus derechos en todas las situaciones que exijan que seas fuerte.»

Ayuda a:

- Superar el ego
- Eliminar la fatiga
- El trabajo de sanación
- La limpieza de espacios
- La liberación del espíritu
- El conocimiento espiritual y la iluminación

Invocación

Kumara es un espíritu poderoso con un aire primario, indígena, como un curandero muy intenso. Cuando lo invoques, él responderá con la velocidad del rayo y una energía amorosa y poderosa. Si estás fatigado, llámalo para solicitar su ayuda:

«Sanat Kumara, por favor, envíame tu poderosa energía para elevar mi espíritu y mi vitalidad. Por favor, ayúdame a elevarme por encima de los pensamientos y las emociones negativos como un pájaro que se eleva por encima de las oscuras nubes. Solicito tu asistencia para acceder a la genuina y eterna Fuente de toda energía. Por favor, destierra cualquier espíritu y energía inferiores que pueda haber en mi interior y a mi alrededor, e infúndeme una luz divina sanadora.»

A continuación, respira profundamente mientras Kumara hace su trabajo. Unos instantes más tarde deberías sentirte revivido y renovado.

Sedna
(Inuit/Esquimal)

También conocida como *Ai-willi-ay-o, Nerivik.*

Diversas leyendas afirman que Sedna cayó (o fue arrojada) del bote de sus padres y que las partes desmembradas de su cuerpo formaron los lobos de mar y otras criaturas marinas. Sedna está considerada la diosa creadora de todos los habitantes del mar: la diosa marina definitiva.

Sedna concederá deseos a aquellas personas que vayan al mar y le pidan favores con amor, honestidad y amabilidad. Puesto que está tan conectada con el agua y los delfines, también nos ayuda a tener intuición y nos transmite mensajes sobre estos cetáceos mientras soñamos.

Invoqué a Sedna mientras me encontraba en un barco en medio del Océano Pacífico, cerca de Hawai. Aunque ella está disponible para ofrecer ayuda y orientación en cualquier parte, yo quería conocerla en su hogar para pedirle un mensaje para este libro. Empezó diciendo: «*Soy la dama del gran océano, que aporta magia a tu atmósfera. El tiempo surge de las corrientes, la humedad y los vientos del mar.*

»*La cautela está justificada en relación con el cuidado y la protección de esta masiva superficie acuática. Aparte de no arrojar desperdicios al mar, vuestro uso incesante de productos de limpieza debe detenerse, ¡ahora mismo!*

»*La propia agua es suficiente para limpiar: su pureza, sus bendiciones inherentes y sus cualidades dadoras de vida pueden usarse en lugar las jabonaduras para lavar la mugre. El agua caliente eliminará los gérmenes por sí misma; no son necesarios los desinfectantes que están contaminando las aguas y la atmósfera de este último gran planeta que queda.*

»Permitidme que reemplace vuestras inquietudes y preocupaciones con las maravillosas aventuras submarinas que puedo transmitiros durante el sueño. Invocadme para comunicarme vuestros deseos siempre que queráis y lanzadme ahora vuestras preocupaciones e inquietudes. Yo las engulliré en mi mar cavernoso y las lavaré hasta que su esencia subyacente sea revelada... y luego sanada. Cuidad de mis seres adorados (lobos de mar, delfines y peces).»

Ayuda a:

- Tener abundancia, especialmente de alimentos
- Los derechos de los animales, especialmente los relacionados con los animales acuáticos, los peces y las aves
- Los delfines y las ballenas
- Los sueños y la intuición
- La concesión de deseos cuando uno está en el mar
- Sanar manos y dedos
- Deshacer huracanes
- La conservación del mar
- Obtener protección cuando uno nada, navega o hace surf

INVOCACIÓN

Es mejor conectar con Sedna cuando uno está dentro del agua o cerca de ella, pues ése es su dominio. Dile:

> «Queridísima Sedna, Diosa de las aguas, deseo desarrollar una conexión contigo a través de mi intuición y mis sueños. Por favor, transmíteme un mensaje claro sobre (nombra la situación con la que quieres ayuda). Por favor, trae delfines a mis sueños y ayúdame a descubrir la verdad sobre esta situación. Gracias.»

Serapis Bey
(Egipto, Grecia y la Nueva Era)

También conocido como *Serapis, Apis, Asar-Apis, Osiris-Apis.*

Originalmente fue un dios egipcio del inframundo llamado Serapis, que estaba a cargo de la ascensión en Luxor, Egipto, pero ahora se le conoce en los círculos de la Nueva Era como Serapis Bey. Él ayuda a las personas en su esfuerzo por alcanzar la ascensión a través de la iluminación espiritual. Debido a su interés en la belleza y la estética, Serapis Bey motiva a las personas para que estén en forma física y tengan estilos de vida saludables y, además, las ayuda a enfrentarse a los cambios futuros que les son profetizados. Como un gurú espiritual del ejercicio físico, las inspira, las motiva y les da esperanzas para el futuro.

Serapis Bey también ayuda a los artistas y músicos con sus proyectos creativos. Es un maestro ascendido sumamente amoroso que se implica activamente para evitar las guerras y traer paz a la Tierra.

Desde hace mucho tiempo le tengo una gran simpatía y afecto a Serpis Bey y he descubierto que es un maravilloso entrenador que nos exige cariñosamente lo mejor. Él nos impulsa a cuidar nuestros cuerpos de una forma excepcional, y si empiezas a trabajar con él puedes esperar que te dé algunas indicaciones sobre ejercicio y nutrición.

«*Nos hemos reunido una vez más* –dice–, *pues he estado con muchos de vosotros en numerosas ocasiones. Estás aquí para recibir otra iniciación, ¿verdad? Otro peldaño en la escalera hacia la ascensión. Estoy aquí para ayudarte a elegir cuidadosa y cautamente el próximo paso que darás. Muchos de vosotros estáis corriendo tanto que ya no* *podéis oír vuestra guía interior. **Debéis** crear un espacio de silencio para vosotros mismos.*

»Aléjate del ritmo frenético y del mundanal ruido en intervalos regulares. Incluso una breve pausa te renovará y te volverá a conectar con esa voz que amas con todo tu corazón, la voz en la que más confías. Cuando te desconectas y te distancias de esa voz, te sientes inseguro y temeroso por razones que desconoces. Te vuelves como un niño al que alejan del pecho de su madre: perdido y confundido.

»Haz que esa voz sea tu mayor prioridad, una amiga valiosa a la que no pierdes de vista. Si no puedes oírla se trata simplemente de una señal de que debes permanecer momentáneamente quieto y en silencio, hasta que recuperes la conciencia de esa fuente interior de orientación y dirección.»

Ayuda a:

- Superar las adicciones y las ansias
- Los artistas, a los músicos y a las iniciativas creativas
- La ascensión
- Tener una comunicación clara con Dios
- Hacer ejercicio y a motivarnos para adelgazar
- La paz, personal y mundial
- Las profecías

INVOCACIÓN

Serapis Bey puede ser contactado en cualquier momento en que uno necesite cariño, comprensión espiritual o paz y tranquilidad. Mantén la intención mental de conectar con él, luego detente unos instantes, cierra los ojos y respira profundamente unas cuantas veces. Al inhalar, piensa en tus deseos. Al exhalar, imagina que te liberas de aquello que te está molestando. Sentirás o percibirás la presencia de Serapis Bey a tu lado, imitando el ritmo de tu respiración. En algún momento oirás su voz o percibirás pensamientos que provienen de él.

No te preocupes, Serapis Bey no anulará tu libre albedrío. Sin embargo, *te dará* una orientación clara e instrucciones sobre cómo mejorar, así como la motivación para llevar a cabo esas iniciativas. Cuando estés pasando por un proceso que requiera resistencia y concentración, llámalo para que acuda a tu lado.

Salomón
(Judeocristiano)

También conocido como el *rey Salomón*.

Salomón fue rey de Israel después del reinado de su padre, el rey David, en la era del 900 a. de C. En comparación con la intensidad de su padre, Salomón era visto como un hombre amable y sabio que mezclaba la alquimia y el misticismo judaico con el sentido común y la sabiduría, y que contribuyó a muchos de los avances de Israel en gobierno y arquitectura. Lo más notable fue su supervisión de la construcción del Templo de Dios, en el cual se guardó el Arca de la Alianza.

El libro primero de los Reyes en la Biblia hace referencia a su extraordinaria sabiduría: «*La sabiduría de Salomón superaba la de todos los hijos de oriente y toda la sabiduría de Egipto. Era el más sabio de todos los hombres. ... Llegaba gente de todos los pueblos para escuchar la sabiduría de Salomón...*»

Pasajes del Torá, de los Evangelios y de antiguos textos judaicos hacen referencia al exorcismo y las habilidades mágicas de Salomón. Un manuscrito griego del siglo XV llamado *El Testamento de Salomón* lo describe utilizando un anillo mágico (conocido como «el anillo de Salomón») que tenía una estrella de David grabada en su parte superior. Los eruditos señalan que la estrella de seis puntas estaba asociada originalmente al cabalismo, la alta magia y el misticismo pitagórico. Es posible que Salomón contribuyera a hacer de ella un símbolo de Israel y del judaísmo.

El Testamento de Salomón contiene también uno de los numeroso relatos en los que él controla a los demonios, tanto para desterrarlos como para obligarlos a realizar tareas mágicas como «esclavos espirituales». Los textos sobre Salomón suelen describirlo haciendo esto con 72 demonios específicos, cada uno con un nombre y una función particulares. Antes de abandonar la Tierra, el rey los detuvo para que no molestaran a la gente.

Salomón ha ascendido a un nivel tan elevado que posiblemente no sentirás su presencia cuando lo invoques. Antes bien, tu consciencia superior accederá a su sabiduría colectiva. Salomón es un viejo sabio que se asemeja al arquetipo de Dios, que todo lo ve y todo lo sabe; él ya te conoce, sabe cuál es tu asignación divina y cómo puedes hacer las cosas mejor y con mayor eficacia. Él te ayudará a mejorar diferentes áreas de tu vida, lo cual a veces resulta amenazador o irritante para aquellas personas que interpretan erróneamente sus mensajes como una lucha por el poder o el control. Pero aquellas que son sabias estarán abiertas a su asistencia.

Dice Salomón: «*Poesía es el nombre de la vida. La poesía es arte en movimiento. Porque no aspiramos a la acumulación de conocimientos, sino a la capacidad de vivir de una forma más grandiosa, más fluida y más aristocrática. A tomar el control de tus demonios interiores a través de tu divinidad y acabar con todo exceso para poder reinar verdaderamente en tus dominios con un poder magnífico. Ejerce el control de todas tus facultades. Enfréntate directamente a las adicciones y los patrones, y sé libre: libre para gobernar, libre para vivir y libre para expresar tus llamadas internas de forma ilimitada.*»

Ayuda a:

- La comprensión cabalística
- La magia divina
- Tener alegría
- La manifestación
- La limpieza de espacios
- La liberación del espíritu
- La sabiduría y la comprensión

Invocación

Invoca a Salomón para que te ayude con cualquier dificultad o situación aparentemente imposible. Como mago divino, él enviará energía sagrada para apoyarte:

«Salomón, oh, Salomón, necesito tu ayuda y asistencia. Por favor, la necesito ahora. Por favor, ven a mí y vierte luz sobre esta situación (descríbela) y ayúdame a liberarme de las cadenas del miedo y la falta de perdón. Necesito un milagro y lo necesito ahora. Ayúdame a resolver este asunto y elévame por encima de los fosos de la oscuridad. Gracias por tu sabiduría y tu coraje, y por darme la solución perfecta a este asunto.»

Sulis
(Británica)

También conocida como *Sul, Sulla, Sulevia, Sulivia*.

Suli es una antigua diosa de las aguas sanadoras cuyo santuario se encontraba en el balneario de Bath, en el sur de Inglaterra, y cuyo nombre significa «ojo» y «ver». Por esta razón, tiene sentido que ella ayude a la visión física y psíquica. El ojo también está asociado al sol, de modo que Sulis es conocida como una diosa solar, algo poco frecuente, porque aunque los dioses suelen ser solares, a las diosas se las relaciona con la luna y las estrellas. Esta asociación solar podría provenir de la relación de Sulis con las fuentes de aguas termales.

Sulis vela por todos los lugares donde hay agua que están asociados a la sanación, especialmente las fuentes termales naturales. Actualmente, a Bath llega gente de todas partes del mundo para beber del pozo que se encuentra en el centro del restaurante de las fuentes. Es un agua rica en sulfuro y se dice que actúa como una fuente de juventud.

Hablé con Sulis cerca de Bath, y esto fue lo que me dijo: «*Fue a mí a quien viste en el arco iris que apareció sobre Stonehenge. Yo estoy en los efectos de prisma de las gotas de agua, reflejando la luz divina inherente a toda el agua, incluyendo el oxígeno. Las plantas son muy valiosas para mí y, sí, como tú preguntaste, puedo ayudar a los jardineros a cultivar cualquier cosa, desde cosechas abundantes hasta plantas de interior sanas. Pero no esperes que elimine los áfidos, pues soy una horticultora que respeta el equilibrio entre el reino terrestre (en el cual, verdaderamente, reinan los insectos: piensa en su resistencia como prueba de su realeza) y la comunidad de las plantas.*»

Ayuda a:

- Recibir bendiciones
- La clarividencia
- La visión, física y espiritual
- La jardinería
- El agua utilizada en ceremonias
- Que los deseos se hagan realidad

Invocación

Es una buena idea invitar a Sulis a cualquier ceremonia en la que el agua esté presente. Puedes conducir una versión de una ceremonia del agua llenando una bañera de agua caliente y añadiéndole sal marina, aceites esenciales y pétalos de flores. Rodéala de velas, música suave y al menos una maceta con una planta. Baja la luz, enciende las velas y, mientras entras en la bañera, di:

> «Hermana Sulis, solicito tu amorosa presencia. Por favor, Sulis, trae tus queridas bendiciones, tu naturaleza cariñosa, tu visión espiritual y tu belleza juvenil, y viértelas sobre las aguas que hay dentro y alrededor de mí. Por favor, ayúdame a realizar mi deseo, que es (descríbelo). Gracias, querida Sulis. Gracias.»

Tara
(Budista, hindú, jainista, lamaista)

También conocida como *Tara Verde, Tara Blanca*.

Cuando Avalokitesvara, el *bodhisattva* (iluminado) de la compasión y la protección vertió sus lágrimas formando un lago, una flor de loto apareció en la superficie del agua. Cuando ésta se abrió, una hermosa diosa surgió de su centro y su nombre era Tara. Ella es el equivalente femenino de Avalokistesvara y su consorte. Tara tiene muchos aspectos y personalidades distintos, que están representados por Taras de distinto color (Tara Verde, Tara Blanca, Tara Roja, Tara Azul y Tara Amarilla). En sus personalidades amarilla, azul y roja, ella es temperamental, pero como Tara Blanca y Tara Verde es cariñosa y muy servicial.

El nombre de Tara significa «estrella» y, como todas las estrellas que guían la navegación de marinos y viajeros, ella nos ayuda a viajar sin sobresaltos o peligros y a encontrar nuestro rumbo en los viajes, en nuestro camino espiritual o simplemente en la vida cotidiana.

Tara Verde es conocida como una diosa «acelerada» que induce rápidamente a la comprensión y acude velozmente en tu ayuda. Invócala si necesitas ayuda física o espiritual en una emergencia.

Tara Blanca ayuda a incrementar la esperanza de vida y, si la llamas, te proporcionará longevidad. Además, ella trae la Iluminación.

Tara Verde es muy intensa, pero también un espíritu guerrero muy cariñoso. Se trata de una divinidad seria que dirige intercambios energéticos rápidos y asiste a todo aquel que la invoca.

«*Arreglo las cosas rápidamente y me pongo a trabajar directamente utilizando sabiduría y acción* –dice–. *Pongo la vista en el resultado que deseo y traslado esas preferencias a la experiencia.*» En otras palabras, alcanza sus objetivos.

En contraste, Tara Blanca es suave, serena, paciente, cariñosa, cálida y maternal. Es la esencia de la pureza. Se enfrenta a los problemas con la oración y manteniendo una concentración constante en la belleza del amor divino. Sus ojos rebosan gratitud, alegría y amor. Ella sólo siente y ve amor, de modo que eso es lo que aparece en su presencia.

«*Estoy aquí para transformar los corazones de las personas —dice—, alejándolas de la tendencia a preocuparse. Amo y soy feliz, y esto tiene un efecto tranquilizador en las personas cuyas vidas toco. Es un placer para mí repartir alegría a lo largo y a lo ancho.*»

Tanto Tara Verde como Tara Blanca ayudan a:

- La compasión
- Obtener protección
- Eliminar y evitar obstáculos

Tara Verde ayuda a:

- Obtener ayuda en emergencias
- Superar el miedo
- Comprender y percibir

Tara Blanca ayuda a:

- Alcanzar la iluminación
- Tener longevidad

INVOCACIÓN

Tara Verde: Siéntate en silencio y medita sobre el color verde mientras recitas el *Om Tare, Tuttare Ture Svaha*, que significa:

> «Tara, veloz salvadora, por favor, libérame de todas las formas de sufrimiento y de prisión, y ayúdame a equilibrar mi espiritualidad.»

Tara Blanca: Siéntate en silencio, respira profundamente y medita sobre el color azul celeste. Luego rézale a Tara Blanca:

> «Por favor, Tara Blanca, permíteme ser como tú, lleno de compasión y de gracia. Yo soy tú, Tara Blanca. Yo soy Tara. Yo soy Tara.»

Siente cómo te llenas de un amor, una alegría y una compasión desbordantes.

Tot
(Egipto)

También conocido como *Aah, Aah Tehuti, Djehuti, Tehuti, Thout, Zehuti*.

Dios egipcio de la alta magia, la manifestación, los símbolos, la geometría, la narrativa, la música y la astronomía, Tot fue el escriba de los dioses y escribió muchos libros sobre los secretos herméticos de la magia y la manifestación. Dice la leyenda que uno de sus libros, *Las Tablas Esmeralda*, fue escrito cuando él era un rey-sacerdote en la Atlántida. Tot y su libro sobrevivieron a la desaparición de dicho continente y él fundó una colonia basada en la sabiduría atlanta.

Se dice que los símbolos de Tot son la base de la franmasonería moderna y que él diseñó muchas de las pirámides y templos egipcios.

Se cree que Tot materializaba y sanaba salmodiando, entonando y utilizando sonidos y combinando esto con el uso de la geometría sagrada, el simbolismo y la aritmética. Enseñó a la diosa Isis la práctica de la alta magia y se le considera el inventor de la escritura en el antiguo Egipto.

«*Vosotros habláis de la Atlántida como la cumbre del conocimiento humano –dice Tot–, pero existen culturas más grandes que existieron en este planeta y fuera de él. Yo he formado parte de varias de ellas y continuaré haciéndolo por el servicio, el juego y la aventura. La 'raza' humana está acercándose rápidamente a la línea de meta y ha llegado el momento de que nosotros nos retiremos y regresemos a nuestro hogar. Éste es el ciclo natural y la evolución de toda gran cultura: alcanzar su cumbre y luego retirarse, como las estaciones de la vida. Expansión, ale-*

jamiento, expansión, alejamiento. No temáis a ninguna de las dos rutas (se refería a todo el mundo) *pues un tránsito sin peligro está asegurado. Seréis aplaudidos por vuestra participación, la cual sin duda exige coraje y valentía.*

»*Mis palabras no son para alertaros sobre una destrucción masiva, sino para lanzaros un imperativo: vuestra tecnología debe cambiar para basarse en el aire y no en la tierra. Las estaciones con base aérea pueden soportar el impacto de vuestras corrientes eléctricas, mientras que la tierra y el agua se ven enormemente afectadas. Moved vuestra fuente de electricidad a componentes satélite antes de que el mundo se oscurezca por la sobrecarga. Os estáis acercando a la plena capacidad ahora mismo.*

»*Reducid inmediatamente vuestra dependencia de la tecnología y regresad a condiciones más naturales. Éste es el único camino sin sobresaltos para salir del experimento. Las comodidades modernas os han vuelto gordos, perezosos e indolentes. ¡Poneos de pie y desarrollad vuestro potencial! ¡Poneos en forma, todos! No es mi intención castigaros, sino motivaros con mi más profundo respeto, amor y deferencia.*»

Ayuda a:

- La magia divina
- Tener un propósito en la vida
- Las matemáticas
- Las profecías y la adivinación
- Las habilidades psíquicas
- La geometría sagrada
- La enseñanza
- Escribir

INVOCACIÓN

Invoca a Tot siempre que desees tener una comprensión psíquica o cuando necesites de la magia divina para ayudarte a resolver una situación. Es difícil pronunciar el nombre de Tot sin sentir que uno está balbuceando, de modo que cuando lo invoques probablemente se dibujará una sonrisa en tu rostro. Este regocijo y esta alegría le agradan, de manera que no creas que lo ofenderás. Di en voz alta, o mentalmente:

«Amado Tot, invoco tu nombre como estudiante de los secretos divinos que tan amorosamente enseñas. Gracias por orientarme e instruirme para resolver (menciona la situación para la que necesitas ayuda). Por favor, ayúdame a abrirme al poder para que pueda pasar a través de mí como canal divino. Gracias, maestro. Gracias, Tot.»

Vesta
(Romana)

También conocida como *Hestia, Prisca.*

Vesta es una diosa del sol y el fuego que vela por la casa y el hogar. En la antigüedad, un fuego sagrado ardía continuamente y las vírgenes vestales lo atendían en su honor, pues se creía que todos los fuegos contenían parte del espíritu viviente de esta diosa.

En los círculos de la Nueva Era, Vesta trabaja con Helios, el dios solar romano, como Logos Solar. Este término denota divinidades que encienden la llama del cuerpo de luz en los aspirantes espirituales utilizando los rayos solares de su propio plexo solar.

Vesta me mostró una imagen de sí misma montada en un carro con Apolo, volando entre las estrellas celestiales cada anochecer y circulando entre nosotros durante la noche. La vi vertiendo sobre cada uno de nosotros una lluvia de compasión, bendiciéndonos y protegiéndonos, pues es consciente de la dura tarea que todos debemos realizar. Vesta se asemeja al arcángel Haniel, que nos ilumina con polvo de estrellas para hacernos recordar nuestras características y cualidades mágicas.

Ayuda a:

- Aumentar el tamaño, el brillo y la visibilidad de la luz divina
- Controlar el fuego
- Llenar los hogares de amor y calor

- Encender y mantener la pasión
- Recibir protección, especialmente para los niños
- Limpiar los espacios

Invocación

Si últimamente ha habido fricciones entre los habitantes de tu hogar, es una buena idea invitar a Vesta a tu casa. Ella puede eliminar la energía del miedo y la rabia para reducir la probabilidad de que haya conflictos en el futuro. Vesta traerá a tu vivienda una sensación de calidez, amor y tranquilidad que confortará a todo aquél que entre en ella.

Puesto que es la diosa del hogar, una manera de invocarla es encendiendo un fuego o una vela. Al encender la llama, dile:

> «Amada Vesta, por favor, trae tu llama de amor Divino a esta casa y enciende el fuego de la bondad, la compasión y la comprensión dentro de todas las personas que viven en ella o la visitan. Ayúdanos a quemar todos los miedos relacionados con el amor y a sentir calidez y seguridad.»

Vywamus
(Nueva Era)

Vywamus es un maestro ascendido y sanador espiritual que ayuda a los trabajadores de luz a despertar su poder interior y sus dones espirituales, y a descubrir su propósito en la vida. Los maestros de la Nueva Era dicen que es un aspecto holográfico del Yo Superior de Sanat Kumara. No obstante, Vyamus y Sanat Kumara funcionan como dos indiviuduos separados, a pesar de ser aspectos de la misma persona (y, de cualquier modo, todos somos *uno*).

Vywamus, un guía muy amoroso y compasivo, nos asiste rápidamente en todos los aspectos de la sanación emocional, mental, física y espiritual, y ayuda a los trabajadores de luz a enfrentarse a su sombra como una manera de iluminarlos.

Una amiga mía llamada Morgan Ki'ilehua tuvo unas experiencias muy extensas con Vywamus. Esto es lo que me contó:

«Durante muchos años, cuando meditaba, veía a 'este hombre'. No parecía importar si me encontraba meditando en casa, siguiendo una meditación guiada con un CD o en una meditación grupal: 'este hombre' siempre aparecía. Lo que yo encontraba muy interesante era que siempre lo hacía de la misma manera: de pie frente a mí. Era muy alto y delgado, y el pelo blanco cortado al estilo paje le llegaba a los hombros. Su larga túnica era de color azul y blanco. Su rostro estaba pulcramente afeitado, tenía una nariz pequeña y afilada, y unos ojos pequeños con una mirada paciente y amable. ¿Su edad? Alrededor de los cincuenta años. Nunca pronunciaba ninguna palabra, nunca sentí que hubiera ningún tipo de comunicación, pero tenía la sensación de que era un maestro muy sabio. Esto continuó durante años. Ahora sé que se trataba de Vywamus.

»Hace varios años, conocí a una mujer llamada Saemmi Muth, que me dijo que ella era un canal para cualquier entidad llamada Vywamus y que sus canalizaciones habían estado apareciendo en el *Sedona Journal of Emergence* durante aproximadamente 15 años. Solicité una sesión privada con ella, aunque no sabía muy bien por qué y me sentía un poco escéptica.

»A pesar de todo, acudí a mi cita con Saemmi. Durante la sesión, Vywamus habló muy por encima de mi cabeza. Yo no entendía lo que me decía acerca de los rayos, las dimensiones y la jerarquía espiritual, y sobre dónde estaba mi vibración en aquella época. Me limité a sentarme escuchando asombrada, aunque todavía con escepticismo.

»Entonces le dije a Vywamus: 'Tengo dos preguntas sobre el plano físico'. '*Quieres saber sobre tu padre y tu marido*', dijo él. 'Sí', repliqué. '*Tu padre está bien, está tomando sus lecciones* (había muerto cuatro años atrás).' Esto se comentó brevemente. Luego Vywamus dijo: '*Tu marido también está bien. Sin embargo, se le ofreció una ventana de salida y eligió no tomarla*'. (Mi marido, Alex, había tenido un ataque cerebral y un infarto masivo unos meses antes. En esos momentos los médicos me dijeron que moriría esa misma noche, pero todavía está aquí). Esta parte de la sesión fue la prueba que yo necesitaba, pues Saemmi no sabía nada de mi padre y tampoco conocía ningún detalle sobre mi marido. ¡La creí!

»Inicié un grupo de Vywamus que se reunía en mi casa una vez por semana. Éramos cinco o seis personas. Saemmi 'traía' a Vywamus y la gente le hacía preguntas. Tuvimos unas noches muy poderosas e iluminadoras. Vywamus me animó a que empezara a canalizar.

»Gran parte de mi formación la realizó Vywamus a través de Saemmi. Hubo una sesión en particular que provocó un cambio importante en mí. Saemmi me llamó antes de un 'día de formación' y me dijo que Vywamus quería que yo escribiera siete preguntas para nuestra sesión. Podía preguntar lo que quisiera. Cuando nos reunimos, las tenía preparadas. Al sentarnos a la mesa, Saemmi hizo venir a Vywamus, como de costumbre. Éste me preguntó si estaba lista para hacer mis preguntas. Le dije que sí y empecé a leer mi lista. Vywamus me detuvo y dijo: *'Canalízame para obtener las respuestas'.*

»Confiando en mis habilidades, traje a Vywamus para que hablara a través de mí, formulé las preguntas y recibí las respuestas. Con su ayuda, ahora canalizo en dos grupos de meditación cada semana, realizo talleres sobre comunicación con el espíritu y desarrollo psíquico, y acabo de terminar dos CDs canalizados de meditación guiada. Mi viaje con Vywamus ha sido fascinante, emocionante e informativo. Ahora no podría imaginar mi vida sin él. Estoy en comunicación constante con este ser amoroso y maravilloso. Cualquiera que desee canalizar a Vywamus puede hacerlo, pues está disponible para todos. Abre tu corazón, usa tu intención divina y simplemente escucha.»

Ayuda a:

- Tener dirección
- Recibir ánimos e inspiración
- La sanación espiritual, emocional y física
- Descubrir tu propósito en la vida, en todos sus aspectos
- Estar motivado y no posponer las cosas
- Descubrir tus talentos

INVOCACIÓN

Como mencioné antes, mi amiga Morgan Ki'ilehua da clases sobre cómo conectar con Vywamus. A continuación ofrezco una invocación que utiliza con sus alumnos. Según Morgan, se puede usar para canalizaciones, sesiones privadas de cualquier tipo o conexiones personales con Vywamus. Ella afirma que esta invocación es especialmente poderosa si la haces inmediatamente antes de irte a dormir, o cuando deseas una comunicación personal de una vibración superior.

Vywamus es eléctrico y su color es el azul. Durante este proceso, es posible que sientas un hormigueo en los brazos, las manos o las piernas. Quizá experimentes una electricidad que recorre tu cuerpo, o podrías tener la sensación de estar girando en espiral, o ver el color azul eléctrico. Recuerda que todos somos seres electromagnéticos, de modo que no hay ningún peligro. Si por alguna razón te sientes incómodo, simplemente pide que el proceso sea agradable para tu ser físico.

En primer lugar, cierra los ojos y concéntrate en tu respiración. Lleva tu atención al interior de tu ser. Imagina que estás atrayendo una nube de color azul eléctrico del Universo. Añade un poco de blanco y, si quieres, un poco de rosa. Permite que la nube te rodee para que puedas sentirte completamente dentro de ella. Tómate tu tiempo para procesar esto de manera que puedas sentir que estás en su interior.

Cuando estés listo, declara tu intención de canalizar a Vywamus. Por ejemplo:

«Vywamus, estoy abierto/a para canalizar tu energía y recibir tu orientación.»

Puedes hacer la pregunta que desees. Pero ten en cuenta que Vywamus no trabaja como un psíquico, sino como un maestro espiritual sumamente evolucionado.

Yogananda
(India, Norteamérica)

Paramahansa Yogananda fue un yogui indio que nació en 1893. En 1920, a petición de su maestro, Babaji, Yogananda viajó a los Estados Unidos para presentar la práctica del Kriya yoga al mundo occidental. Escribió el famoso libro *Autobiografía de un Yogui* y abrió centros del *Self-Realization Fellowship* (SRF) por el mundo entero. Sus centros, sus libros y sus enseñanzas fusionan la espiritualidad oriental y la occidental, y muchos de sus escritos citan a Jesucristo como ejemplo de amor, compasión y perdón. (De hecho, Jesús es uno de los seis gurús de la SRF, los otros cinco son Yogananda, Krishna, Babaji, Lahiri Masaya y Sri Yukteswar). Yogananda, al igual que Babaji, enseña que todas las religiones tienen una unidad subyacente.

El legado de Yogananda incluye haber llevado el yoga a los Estados Unidos y presentado la meditación y la recitación a los occidentales. Todas sus enseñanzas se concentraban en desarrollar conexiones de amor, la comunicación con Dios y llevar una vida sana y feliz.

Yogananda abandonó físicamente este mundo en 1952, pero continúa enseñando, sanando y guiando a las personas como uno de los nuevos maestros ascendidos.

Mi querido amigo Michael Wise, cantante del grupo Angel Earth, narró sus experiencias trabajando con Yogananda y me envió la historia justo dos semanas antes de morir. Ahora Michael está con su adorado maestro.

»Mi experiencia con Guruji Paramahansa Yogananda se inició en la primavera de 1992, cuando su libro *Autobiografía de un Yogui* cayó literalmente en mis manos desde una estantería de una librería local. Lo compré y su contenido me cautivó. Entonces empecé a estudiar la técnica de meditación de Kriya yoga de Yogananda a través de su *Self-Realization Fellowship*.

»Fue en 1994. muy temprano por la mañana, a las 4:30, en un día de invierno, durante mi meditación diaria antes de ir al trabajo, cuando llegué a un lugar sagrado y lleno de amor. Mi práctica diligente y mi confianza en las enseñanzas de Yogananda me llevaron hasta un nivel de meditación que nunca antes había experimentado. En lo que me pareció un instante, fui transportado a un lugar de serena belleza: una habitación soleada con una enorme ventana en arco con vistas a un jardín rico en flores coloridas, árboles y con una luz solar tan radiante como no había visto jamás. Permanecí en silencio asombrado ante la visión, el sonido y los sentimientos de la experiencia.

»Luego, justo a la izquierda de la ventana, vi una pequeña mesa con cuatro sillas a su alrededor. En la silla de la izquierda y la que estaba detrás de la mesa, aparecieron dos figuras. Se movían y parecían estar vivas, y luego se tornaron más nítidas. ¡Me sobresalté al reconocer a una de ellas como el propio Yogananda! Él alzó la mirada y me sonrió, y luego oí una voz que me llamaba por mi nombre: era la otra figura, que repentinamente se hizo muy nítida. '*Michael*', dijo la voz, ¡y entonces reconocí a Jesús! Él pronunció mi nombre una vez más, sonrió y me dijo suavemente: '*Sé como un niño que juega*'.

»Entonces Yogananda se inclinó hacia delante y añadió, '*... ¡y sigue estudiando mis lecciones!*'. Los dos me sonrieron. Luego me hicieron regresar suavemente hasta mi estudio en el sótano de mi casa. La experiencia sigue estando vívida en mi memoria mientras escribo estas líneas en el año 2002. Tanto Yogananda como Jesús han estado conmigo a lo largo del camino de mi despertar al espíritu interior. Están conmigo ahora y siempre lo estarán mientras compartimos esta experiencia de transformación aquí en la Tierra.»

Ayuda a:

- Tener una comunicación clara con Dios
- Recibir amor Divino
- La sanación espiritual, emocional y física
- La paz, personal y mundial
- La unión de creencias religiosas
- La práctica del yoga

INVOCACIÓN

Yogananda está implicado activa y profundamente en los asuntos del mundo y acude junto a cualquier persona que desee traer paz al planeta. La mejor manera de llegar a Yogananda es a través de la meditación. Medita mientras repites mentalmente la palabra *amor* al tiempo que mantienes la intención de contactarlo. Es posible que entonces tengas una visión mental de Yogananda y tengas la experiencia de charlar con él. Durante esta conversación, podrías pedirle orientación divina sobre tu camino espiritual o cualquier otra cuestión o preocupación que tengas.

SEGUNDA PARTE

Invocaciones
para necesidades
y
problemas
específicos

Oraciones
para conectar con múltiples divinidades para necesidades específicas

Las oraciones que se sugieren aquí son sólo eso: sugerencias. Simplemente representan una de las diversas maneras de invocar a las deidades que se encargan de la situación en la que necesitas ayuda. Podrías probar primero las invocaciones tal como están impresas y tomar nota de los resultados. Luego, en las plegarias subsiguientes, puedes modificar las palabras según los dictados de tu guía interior.

No es necesario usar un lenguaje estrafalario o poético para invocar a las deidades. Lo único que tienes que hacer es pronunciar sus nombres mentalmente y pedirles ayuda con cualquier tema, problema o situación que te preocupe. Puedes usar la lista de la tercera parte para buscar rápidamente las divinidades que se especializan en el área en particular que te interesa. Es mejor decir una oración sencilla tan pronto como sientas que necesitas asistencia, en lugar de intentar crear la plegaria «perfecta». Cuanto antes pidamos ayuda, más fácil será resolver la situación, como cuando llamamos a los bomberos ante la primera señal de humo, en lugar de esperar a que se convierta en un incendio incontrolable.

Cuando pronuncies estas oraciones, es importante que tengas en mente la pregunta o la situación para la cual estás buscando ayuda. Puedes decirlas mentalmente o en voz alta. Estas plegarias son más eficaces si las sostienes en tus manos, de modo que podrías fotocopiar las páginas de este libro en las que se encuentran las que vas a aplicar, o escribirlas a mano. Repite cada oración tres veces con plena conciencia de cada palabra y luego coloca el papel en que está escrita en un lugar especial, como tu altar, en el alféizar interior de una ventana a la que llegue la luz de la luna, o debajo de tu almohada o de tu cama.

Cuando hayas terminado de decir tu plegaria, agradece a las divinidades su ayuda. Comunícate mentalmente con ellas a menudo. Están disponibles para ti mientras tu situación se está resolviendo, de modo que es sabio buscar sus consejos, hablarles de tus éxitos o desafíos y hacerles preguntas.

Recuerda que uno nunca molesta a una divinidad y ni las aleja de algo o alguien importante. Tu situación y tú sois de vital importancia para ellas, ahora y siempre. Ellas son capaces de estar simultáneamente con todas las personas que las invocan, y pueden tener una experiencia única, personalizada, con cada una de ellas. Los maestros ascendidos y los arcángeles no tienen creencias limitadoras, de modo que no tienen restricciones de tiempo o espacio. Es un gran placer para ellos ayudarte, porque cuando *tú estás* en paz, el mundo está una persona más cerca de la paz absoluta.

Abundancia

Ésta es una oración poderosa para aumentar tu suministro de dinero, alimentos, tiempo, oportunidades o cualquier cosa que desees tener en mayor cantidad. Cuando la digas, pronuncia cada nombre lentamente, sintiendo su energía:

«Queridos Abundantia... Damara... Dana... Ganesh... Lakshmi... y Sedna... gracias por vuestro abundante suministro en mi vida, que rebosa de hermosas oportunidades para que yo exprese mi luz divina con la finalidad de que otras personas también se beneficien. Gracias por la paz, la felicidad y el amor que me dais. Gracias por todo el tiempo y energía que tengo para realizar mis sueños y deseos. Gracias por el abundante apoyo y suministro económico. Acepto agradecido/a todos vuestros regalos y os pido que sigan llegando.»

Adicciones y ansias

Si estás verdaderamente preparado para desprenderte de una sustancia, un ansia o una pauta adictiva en tu vida, éste es un método muy poderoso. Después de decir esta oración, probablemente descubrirás que todas tus ansias han desaparecido. O es posible que tengas un último exceso que te lleve a abandonar la adicción.

En primer lugar, imagina que esa cosa, persona o situación que deseas soltar está en tu regazo. Luego imagina que flota delante de tu ombligo. Visualiza o siente todas las cuerdas, telarañas y raíces que se extienden desde tu ombligo hasta aquello de lo que te quieres liberar. A continuación, di esta oración:

«¡Arcángel Rafael, amado ángel de la sanación!
¡Babaji, maestro de la superación del mundo físico!
¡Querida Devi, que te interesas tan profundamente!
¡Resplandeciente Maat, portadora de luz divina!
¡Serapis Bey, supervisor de la ascensión!
Por favor, cortad las cuerdas de las adicciones y las ansias por mí.
Ahora suelto completamente todas las pautas de adicción y
acojo completamente mi libertad y mi salud física.»

Clarividencia

Esta oración puede ayudarte a abrir o incrementar tu capacidad para ver psíquicamente. Para tener un poder clarividente adicional, sostén un cristal de cuarzo claro delante de tu tercer ojo (la zona que hay entre tus cejas) mientras dices esta plegaria:

«Luz divina, por favor, entra en mi tercer ojo y llénalo de iluminación, claridad y capacidad de ver claramente a través del velo. Poderoso Apolo, ¡gracias por abrir mi tercer ojo! Arcángeles Haniel, Jeremiel, Rafael y Raziel, ¡os doy las gracias por vuestras energías divinas mágicas y vuestra ayuda con mi visión espiritual ahora!

Victorioso Horus, ¡gracias por situar tu ojo delante del mío, para que pueda ver multidimensionalmente como tú! Querida Kuan Yin, ¡gracias por enviar energía desde tu tercer ojo hasta el mío para que pueda ver el amor en todas las personas y en todas las cosas! Queridísima Sulis, ¡gracias por invocar el poder de mi energía clarividente! ¡Os doy las gracias a todos por abrirme completamente permitiéndome ver la verdad, la belleza, la luz y la vida eterna!»

Una comunicación clara con Dios

Esta poderosa oración puede ayudarte a eliminar los bloqueos para que puedas escuchar a Dios y a tu guía divina de una forma más clara:

«Dios, deseo intensamente una relación más estrecha y una comunicación más clara contigo. Solicito tu asistencia para abrirme de manera que pueda oír, ver, sentir y conocer claramente tus mensajes. Jesús... Moisés... Babaji... Yogananda... vosotros demostrasteis la capacidad de escuchar claramente a Dios durante vuestras vidas en la Tierra. Os pido que me ayudéis mostrándome vuestros caminos. Por favor, trabajad conmigo para que pueda estar completamente abierto/a para oír los mensajes de Dios y confiar en lo que escucho. Gracias, Dios. Gracias, Jesús. Gracias, Moisés. Gracias, Babaji. Gracias, Yogananda.»

Conectar con las hadas

Si te gustaría ver hadas o al menos sentir una mayor conexión con ellas, prueba decir esta oración cuando estés al aire libre. Es especialmente poderosa si la pronuncias, mentalmente o en voz alta, mientras estás en una zona donde hay flores silvestres. Sabrás que has tenido éxito conectando con las hadas cuando sientas la urgencia de recoger basura en el exterior. Ésta es una de las primeras comunicaciones que las hadas suelen tener con los seres humanos. Si recoges desperdicios y tratas a los animales y el medio ambiente con gran respeto, las hadas mostrarán su aprecio concediéndote tus deseos.

«Querida Dana, diosa de los duendes; hermosa Diana, dama de las ninfas del bosque; poderosa Maeve, reina de las hadas; dorada Oonagh, protectora de las hadas: solicito vuestra asistencia para conectar con el mundo elemental. Por favor, presentadme a las hadas y preguntadles de mi parte cómo puedo llegar a conocerlas mejor. Me gustaría desarrollar una conexión con ellas y con los elementales, y os pido que me mostréis el camino. Por favor, ayudad a que mi mente y mi visión espiritual estén abiertas para recibir comunicaciones de su mundo mágico. Gracias.»

Valentía

Si estás preocupado, ansioso, asustado o te sientes vulnerable, esta oración puede darte una mayor valentía y protegerte y proteger a tus seres queridos de todo mal.

«Poderosos protectores del Cielo. ¡Poderosos aliados que estáis de mi lado!

Necesito vuestra fuerza, vuestro valor y vuestra protección. ¡Por favor, venid a mí ahora!

Gracias, arcángel Miguel, por darme el valor para avanzar sin miedo.

Gracias, Ashtar, por protegerme de todas las maneras.

Gracias, Brígida, por ayudarme a ser un/a guerrero/a amoroso/a por el bien de mis creencias.

Gracias, Cordelia, por eliminar el estrés y la tensión de mi mente y de mi cuerpo.

Gracias, Tara Verde, por traer resultados rápidos a mis plegarias.

Gracias, Horus, por ayudarme a ver claramente la verdad de esta situación.

Gracias, Kali, por ayudarme a mantenerme firme.

Gracias, Moisés, por ayudarme a ser un líder audaz.

Gracias, Saint-Germain por ayudarme a mantener una actitud positiva, alegre y optimista.

Gracias a todos por estar conmigo y ayudarme a encarar toda ilusión de problemas y elevarme por encima de ellos. Gracias por ayudarme a crecer y aprender de todas las dificultades. ¡Gracias por recordarme que debo respirar y estar centrado/a en la paz!»

Encontrar tu propósito en la vida

Esta oración te ayudará a descubrir tu propósito general en la vida y a recibir orientación sobre el siguiente paso a dar. Probablemente la respuesta llegará en una combinación de orientación divina y señales. La guía divina incluye mensajes internos en forma de sentimientos, pensamientos, ideas y visiones que te dicen lo que tu corazón realmente desea. Las señales son mensajes repetidos que ves u oyes y que provienen de fuentes que no son tú mismo, como cuando ves continuamente una frase que se repite en carteles, periódicos, o en boca de la gente. Es mejor anotar estos mensajes interiores y exteriores y buscar un tema constante que te dirija hacia el siguiente paso... y tu propósito general.

«Arcángel Miguel... Jesús... Saint-Germain... y Vywamus...vosotros podéis ver cuál es el mejor paso que debo dar. Necesito oír, sentir y ver claramente esta información. Necesito tener fe para dar el siguiente paso. Necesito sentir valentía y entusiasmo al respecto. Gracias por darme información, ánimos y motivación.

»Arcángel Chamuel... Brígida... san Francisco... Tot... y mi Yo Superior... queridos y divinos compañeros de equipo en mi propósito en la vida, gracias por guiarme de una forma clara acerca de mi propósito en la vida. Estoy agradecido/a porque realmente creo que merezco tener felicidad, éxito y abundancia. Estoy agradecido/a de saber que soy merecedor/a de vuestra ayuda y apoyo. Gracias, Dios. Gracias, divinidades. Gracias a todos.»

Encontrar a tu alma gemela

Si deseas una relación amorosa de base espiritual, entonces reza esta oración. Puedes ampliar el poder de la plegaria si primero imaginas la sensación de tener una relación así. Imagina que estás con tu alma gemela y eres completamente amado/a y respetado/a. Luego di:

«Dioses y diosas del amor enviados desde el Cielo; Aengus y Afrodita, deidades masculina y femenina que representáis la belleza y el encanto; Guinevere e Isolda, portadoras de amor mágico: os invito a mi boda espiritual, en la que me casaré con mi alma gemela, primeramente en una unión espiritual. Siento a mi amado/a en lo más profundo de mi cuerpo y de mi alma. Envío este sentimiento a mi alma gemela y os doy las gracias por transmitirle estos sentimientos como un mensaje sagrado de san Valentín. Gracias por unirnos a través de los éteres. Gracias por guiarnos claramente para que nos encontremos. Gracias por reunirnos en una unión feliz. Gracias por cuidar de mi vida amorosa».

Paz mundial

Estas divinidades ya están cuidando del mundo, manteniendo la guerra a raya y hablando con los líderes mundiales acerca de la paz. Nuestras oraciones son una gran contribución al impulso para la paz mundial. Definitivamente, cada plegaria aporta mucho, es poderosa y muy necesaria. Por el bien de los que vivimos en este planeta, gracias por rezar esta oración (o una similar) con regularidad:

«Dios es paz... Dios está en todas partes... por lo tanto, en realidad, la paz está en todas partes. Esta es la verdad. Y te doy las gracias, Dios, por esta verdad. Gracias por enviar a tus ministros de paz para que cuiden de nosotros, ahora y siempre. Gracias, Arcángel Chamuel, por ayudarnos a encontrar la paz interior. Gracias, Buda, por ser la personificación de la paz. Gracias, Forseti, por

resolver los conflictos con éxito y pacíficamente. Gracias, Kuan Ti, por tus sabios consejos a los líderes mundiales. Gracias, Maitreya, por sustituir toda ira con alegría. Gracias, san Francisco, por ayudarnos a seguir estando dedicados a la paz de Dios. Gracias, Jesús, por cuidar de la humanidad. Gracias, Serapis Bey, por ayudarnos a todos a vivir al nivel de nuestro máximo potencial. Gracias, Yogananda, por ayudar a que nos sintamos divinamente amados.»*

Si la guerra es inminente, o ya ha estallado, entonces di la siguiente plegaria:

«Arcángel Miguel, te pido que intervengas en esta situación en la medida en que me está afectando. Por favor, libera a los espíritus y las energías inferiores en esta área y llévalos a la luz para que sanen y se transmuten. Ashtar, por favor, vela por nuestro planeta y asegúrate de que haya paz, equilibrio e integridad. Por favor, Atenea, intervén en la medida en que estoy implicado/a en esta situación y trabaja con los líderes mundiales para buscar alternativas a la guerra. Por favor, Ishtar, ayuda a la gente a mostrar liderazgo y fuerza. Por favor, Kuan Ti, ayúdanos a todos a tener la previsión para conocer los efectos que tendrán mañana nuestros actos de hoy. Gracias, líderes celestiales. Gracias, Dios. Gracias por la paz que está alrededor y dentro de este mundo. Gracias por la paz que está en los corazones de todas las personas, en todas partes.»

Puedes añadir a esta plegaria una visualización en la cual el arcángel Miguel mantiene un vacío por encima del planeta que aspira todas las energías negativas de cualquier zona geográfica que esté experimentando un conflicto.

Sanar a un niño

Si un niño necesita una sanación o que alivien su dolor, entonces di esta oración. Se ha dicho que cuando los padres rezan por sus hijos, las plegarias son respondidas en primer lugar en el Cielo.

También recomiendo escribir a mano la oración y colocarla cara arriba en un armario o un estante en la habitación del niño o la niña. Si tiene la edad suficiente para rezar, entonces pídele que pronuncie la oración contigo:

«Gracias, Dios, por la perfecta salud de mi hijo/a. Gracias por la paz que hay dentro de su cuerpo. Gracias, arcángel Rafael, por tu poderosa energía sanadora, que cura todo con rapidez cada vez que mi hijo/a respira. Gracias, Damara, por confortarnos y tranquilizarnos a mi hijo/a y a mí. Gracias, Hator, por instruirme claramente sobre cuál es la mejor manera de ayudar a mi niño/a. Gracias, Virgen María, por velar por todos nosotros y enviarnos tu Divino amor sanador.»

Sanar a un animal doméstico

Si tu gato, perro u otro animal tiene un problema físico, entonces debes invocar a los grandes sanadores de animales que hay en el Cielo para que te ayuden y lo curen. Cuando pronuncies esta plegaria, mira a tu animal o imagínalo en tu mente, o contempla una fotografía de tu adorado amigo peludo:

«Sanadores que estáis en el Cielo, quiero a (nombre del animal) con todo mi corazón. Por favor, unid mi amor al vuestro y enviadlo a (nombre del animal). Queridísima Aine, te pido que rodees a mi animalito con tu radiante energía dorada de paz y felicidad. Queridísimo Rafael, te pido que envuelvas a mi animalito con tu energía verde esmeralda de salud y bienestar. Queridísima Dana, te pido que ayudes a que el sistema de mi animalito esté equilibrado y en su estado natural de vitalidad. Queridísimo san Francisco, te pido que te comuniques con mi animalito y me indiques qué puedo hacer para ofrecerle consuelo.

«Gracias, Aine... Rafael... Dana... san Francisco... por vuestro trabajo de curación. Gracias por la perfecta salud de mi animal doméstico. Gracias por ofrecerle alivio. Gracias por animarnos.

Ahora entrego esta situación a Dios y a vosotros con una fe y una confianza absolutas.»

Sanación para uno mismo

Si estás experimentando un problema físico, es reconfortante saber que tienes acceso a unos sanadores poderosos. Esta oración puede complementar cualquier otro tratamiento espiritual o médico que estés implementando:

«Querido Jesús, amoroso sanador de Dios... querida Aine, amorosa sanadora de Dios... querido arcángel Rafael, amoroso sanador de Dios... querido arcángel Zadkiel, amoroso sanador de Dios... querida santa Teresa, amorosa sanadora de Dios. El amor de Dios está ahora dentro de mí. Estoy absolutamente lleno/a del amor de Dios y soy sanado por él. Jesús... Aine... Rafael... Zadkiel... Teresa... estoy tan agradecido/a por las atenciones, la sanación y el consuelo que me proporcionáis... gracias por rodearme y llenarme completamente de energía positiva. Gracias por aclararme y limpiarme por completo. Ahora estoy absolutamente bien. Ahora me siento maravillosamente, lleno/a del espíritu del amor en todos sus aspectos. Estoy energizado/a. Soy feliz. Estoy descansado/a y renovado/a. Gracias, Dios. Gracias, sanadores Divinos.»

Protección y orientación para los hijos

Si estás preocupado por tu hijo o tu hija, reza esta oración para obtener protección y orientación y tranquilizar la mente, y para que te ayude a proteger y guiar a tu niño o niña:

«Dana... Hator... Ishtar... Virgen María... diosas maternales y maestras de los padres, os entrego mis preocupaciones. Por favor, cuidad de mi hijo/a y de esta situación (describe tus preocupacio-

nes) *para que todos podamos estar felices y en paz. Por favor, enseñadme cuál es la mejor manera de guiar a mi hijo/a. Por favor, dirigid mis palabras y mis actos para que pueda expresar mi verdad de una manera que él/ella pueda entender. Por favor, ayudadme a estar centrado/a en la fe y el valor.*

»Arcángel Miguel... Artemisa... Kuan Yin... Vesta... poderosos protectores de los niños, os pido que veléis atentamente por mi hijo/a (di su nombre). *Gracias por cuidarlo/a y protegerlo/a. Gracias por aseguraros de que esté a salvo, feliz y sano/a. Gracias por guiarlo/a en una dirección que traerá bendiciones, bienestar, significado y abundancia. Gracias, Dana... Hator... Ishtar... Virgen María... arcángel Miguel... Artemisa... Kuan Yin... Vesta... por proteger y guiar a mi hijo/a. Estoy realmente agradecido/a.»*

Resolver conflictos

Si has tenido un desacuerdo con alguien, o si estás en medio de algún tipo de conflicto, entonces es una buena idea pedir ayuda a las divinidades. Esta oración no es para ayudarte a ganar, ni para conseguir que la otra persona te pida disculpas. Es, simplemente, para crear paz y perdón a todo nivel:

«Queridos asistentes del Cielo, por favor, venid a mí ahora... Arcángel Raguel, ministros celestiales de las justicia... Atenea, diosa de las soluciones pacíficas... Forseti, supervisor de la verdad y la justicia... Ángeles de la guarda de (nombra a la persona o personas implicadas en el conflicto)... *Os doy las gracias por vuestra intervención. Os pido que transmitáis mi mensaje a todas las personas implicadas en esta situación y que les comuniquéis mi deseo de que haya paz. Solicito una solución rápida y pacífica, y entrego esta situación a Dios y a vosotros, sabiendo que ya está resuelta. Sé que en realidad sólo existe la paz y que está en todas partes, incluso en esta situación y en el interior de todas las personas implicadas. Por favor, guiadme claramente respecto a mi papel en esta solución pacífica. Gracias.»*

Adelgazar

Perder peso de una forma sana implica hacer ejercicio y tener una alimentación equilibrada. Esta oración puede dar un impulso a tu motivación para hacer ejercicio y reducir tus ansias de comer alimentos ricos en grasa:

«*Que el Cielo me ayude a mantenerme en forma y tonificado/a y a tener un peso saludable. Pido a todos los entrenadores y motivadores espirituales que por favor vengan a mí ahora. Apolo... Oonagh... Serapis Bey... necesito vuestra ayuda experta. Por favor, aumentad mi deseo de hacer ejercicio. Por favor, ayudadme a encontrar un programa de ejercicios que encaje fácilmente con mi horario, mi presupuesto y mis intereses. Por favor, ayudadme a dar el primer paso. Por favor, ayudadme a conseguir el apoyo de mi familia para que pueda ejercitarme con su aprobación. Por favor, ayudadme a ver resultados para que pueda mantenerme animado/a.*

»*Arcángel Rafael... Babaji... Devi... Maat... ahora os entrego mis ansias de comer alimentos grasos y dulces... Vosotros sabéis qué alimentos y bebidas son sanos para mi cuerpo y cuáles no lo son. Os pido que adaptéis mis antojos para que sólo desee ingerir alimentos ligeros y nutritivos. Por favor, aumentad mi motivación para tomar bebidas ligeras y naturales.*

»*Gracias por velar por mi salud y mi bienestar físicos.*»

TERCERA PARTE

A quién invocar para necesidades específicas

Invocar
a los arcángeles
y a los maestros ascendidos

Cuando surja una necesidad específica, remítete a la lista que hay en las siguientes páginas para saber a qué arcángeles y maestros ascendidos debes invocar. Puedes utilizar esta información de muchas maneras. Por ejemplo, podrías colocar tu mano sobre la lista de nombres de divinidades que está debajo de tu necesidad específica. Mientras mantienes la mano ahí, piensa esta frase: *Queridas divinidades, necesito vuestra ayuda, vuestro amor y vuestra asistencia en* (describe la situación concreta). *Gracias por esta intervención Divina.*

También puedes buscar a cada una de las divinidades y leer sobre ellas en la primera parte del libro. De ese modo profundizarás en tus conocimientos sobre el arcángel o el maestro ascendido. La combinación de tener experiencias personales y una interacción con una divinidad, además de leer la historia y el pasado de dicho ser, contribuye a enriquecer la relación.

Una forma rápida para lidiar con un problema es mirar la lista correspondiente a tu situación y decir el nombre de cada ser mientras dices tu oración, o incluso la cantas. La intención de tu plegaria es más importante que las palabras o el método que utilices. Las divinidades escuchan tu intención y responden inmediatamente con amor. Ninguna oración es negada o ignorada. Después de todo, los arcángeles y los maestros ascendidos nos ayudan porque están representando el plan de paz de Dios en la Tierra, persona a persona. Si pueden ayudarte a encontrar la paz a través de su intervención divina en alguna situación terrenal, entonces para ellos es un placer sagrado hacerlo.

La lista cubre una amplia gama de necesidades y situaciones humanas. Si no encuentras una para tu situación específica, entonces busca alguna que se le acerque. También puedes rezar pidiendo orientación respecto a qué divinidad sería la más apropiada para tu causa.

Abundancia
Abundantia
Coventina
Damara
Dana
Ganesh
Lakshmi
Sedna

Suministro de emergencia
- Aeracura
- Tara Verde

Adelgazar
Apolo
Arcángel Rafael
Oonagh
Serapis Bey

Adicciones, ayuda con las
Arcángel Rafael
Babaji
Devi
Maat
Serapis Bey

Adivinación
Merlín
Tot

Agua
Suministro abundante de
- Coventina

Limpieza
- Coventina

Proteger océanos y lagos
- Arcángel Ariel
- Sedna

Alegría
Aine
Buda
Cordelia
Isis
Maitreya
San Juan de Dios

Alimentación sana
Apolo

Alimentos
Suministro abundante
- Jesús
- Lakshmi
- Sedna

Purificar y espiritualizar
- Krishna

Alma gemela, encontrar
Aengus
Arcángel Chamuel
Hator

Alquimia
Arcángel Raziel
Arcángel Uriel
Dana
Lugh
Maeve
Merlín
Saint-Germain

Amor, dar y recibir
Kuan Yin
Maitreya

Amor Divino
Jesús
Yogananda

Animales
Crianza, embarazo y nacimiento
• Diana

Comunicación
• San Francisco

Encontrar animales perdidos
• Arcángel Rafael

Sanación
• Aine
• Arcángel Rafael
• Dana

• San Francisco

Caballos, curación y protección
• Maeve

Protección
• Aine
• Arcángel Ariel
• Artemisa
• Sedna

Ansias, eliminar o reducir
Apolo
Arcángel Rafael

Apoyo
Para quienes están afligidos
• Arcángel Azrael

Armonía
En las familias
• Arcángel Raguel
• Damara

En general
• Arcángel Uriel

En grupos
• Arcángel Raguel

En los viajes
• Arcángel Rafael

Aromaterapia
Maeve

241

Artistas y proyectos artísticos
Aeracura
Arcángel Gabriel
Arcángel Jophiel
Atenea
Ganesh
Hator
Lugh
Serapis Bey

Ascensión
Serapis Bey

Ascensos en el trabajo
Lu-Hsing

Asuntos legales, resolver
Forseti
Ida-Ten
Kuan Ti

Atractivo
Afrodita
Hator
Maeve
Oonagh

Aumento de sueldo
Lu-Hsing

Aura-Soma, terapia
Melchizedek

Autoestima
Arcángel Miguel
Dana

Diana
Isis

Baile
Hator
Oonagh

Bajar el ritmo frenético
Arcángel Jophiel

Ballenas
Coventina
Sedna

Belleza
Afrodita
Arcángel Jophiel
Hator
Isis
Lakshmi
Maeve
Oonagh

Bendiciones
Krishna
Sulis

Bodas
Ganesh

Bondad
Kuan Yin
Virgen María

Buena Suerte
Abundantia

Ceguera
Jesús
Padre Pío

Cábala, estudio y comprensión de
Salomón

Calor, en las relaciones, el cuerpo y el medio ambiente
Brígida
Vesta

Cambio de forma
Merlín

Cambios en la Tierra
Arcángel Uriel
Ashtar
Melchizedek

Cambios de vida
Arcángel Jeremiel
Cordelia

Cámping
Artemisa

Carrera
Arcángel Chamuel
Lu-Hsing

Carrera en la radio, entrevistas-enfrentarse a ellas
Arcángel Gabriel

Carrera en la televisión, entrevistas-enfrentarse a ellas
Arcángel Gabriel

Celebración
Cordelia
Hator

Ceremonias
Nemétona

Chakras, limpieza de
Arcángel Miguel

Ciclo menstrual
Maeve

Clarividencia, aumentar
Apolo
Arcángel Haniel
Arcángel Jeremiel
Arcángel Rafael
Arcángel Raziel
Horus
Kuan Yin
Sulis

Clima
En general
• Arcángel Uriel
• Ishtar

Para tener días más soleados
• Apolo

243

Comunicación clara con Dios
Babaji
Jesús
Moisés
Yogananda

Compasión
Kuan Yin
Virgen María

Compromiso
En una relación de pareja
• Afrodita

Con las propias creencias
• Arcángel Miguel
• Maat

Compasión
Arcángel Zadkiel
Ishtar
Kuan Yin
Tara

Concentración
Kali
Kuthumi
Saint-Germain

Conectar con la Tierra
El Morya

Cooperación de otras personas
Arcángel Rafael

Cosméticos
Hator

Cristales
Melchizedek
Merlín

Decisiones
El Morya
Hator

Decoración de interiores
Arcángel Jophiel

Dedos, sanar
Sedna

Defender a los que son tratados injustamente
Arcángel Raguel

Dejar las cosas para el último momento, superarlo
Arcángel Miguel
Pele
Vywamus

Delfines
Coventina
Sedna

Deporte
Apolo

Determinación
Kali

Desintoxicación
Arcángel Rafael
Devi
Melchizedek

Dirección
Arcángel Miguel
Jesús
Saint-Germain
Vywamus

Disputas, resolución
Arcángel Raguel
Atenea
Forseti

Divorcio
Sanar después del
• Isolda

Tomar decisiones acerca del
• Damara

Dinero
Abundantia
Damara
Dana
Ganesh
Lakshmi
Sedna

Dinero para emergencias
Aeracura
Tara Verde

Ego, superar
Buda
Jesús
Moisés
Sanat Kumara

Ejercicio físico
Apolo
Oonagh
Serapis Bey

Elegancia
Afrodita

Elementales (hadas, duendes, etc.); verlos, oírlos y conectar con ellos
Dana
Diana
Maeve
Oonagh

Embarazo
Decidir el sexo del bebé
• Arcángel Sandalfón

Armonioso
• Hator

Parto sin dolor
• Diana

Mellizos o gemelos
• Diana

245

Empleo
Lu-Hsing

Energía lunar
Arcángel Haniel

Energía, trabajar con, y sanación
Melchizedek
Merlín

Enseñanza
Arcángel Metatrón
Arcángel Miguel
Virgen María
Tot

Entrevistas de trabajo
Lu-Hsing

Equilibrio
Buda

Escritores y proyectos literarios
Arcángel Gabriel
Arcángel Metatrón
Arcángel Uriel
Atenea
Ganesh
Tot

Estética
Lakshmi

Esotérica, información
Arcángel Raziel

Ashtar
Melchizedek

Espíritu, liberación del
Arcángel Miguel
Arcángel Rafael
Kuan Ti
Melchizedek
Sanat Kumara
Salomón

Espiritualidad
Despertar
• Krishna

Devoción
• San Francisco

Iluminación
• Buda
• Kuan Yin
• Sanat Kumara
• Tara Blanca

Crecimiento
• Babaji
• Buda
• Padre Pío

Entendimiento
• Arcángel Metatrón
• Arcángel Uriel
• Ashtar
• Buda
• Jesús
• Sanat Kumara

246

- Salomón
- Tara Verde

Estímulo
Vywamus

Estrés, manejo del
Cordelia

Estudiantes y estudiar
Arcángel Uriel
Arcángel Zadkiel

Excursionismo
Artemisa

Extraterrestres
Ashtar

Fe, aumentar la
Aine
Arcángel Rafael
El Morya
Jesús
Moisés

Familia
Divorcio cuando hay hijos
- Damara

Armonía
- Arcángel Raguel
- Damara

Felicidad duradera
Lakshmi

Feminidad
Afrodita

Feng Shui
Melchizedek

Fiestas
Hator

Figuras de autoridad: relacionarse con ellas sin miedo
Moisés
Saint-Germain

Flores
Cordelia
Krishna
Santa Teresa

Forma física
Apolo
Oonagh
Serapis Bey

Fuego, control del
Vesta

Fuerza
Horus

Gemelos o mellizos
Diana

Geometría sagrada
Tot

Gracia
Arcángel Haniel

Guerra, evitar o detener
Arcángel Miguel
Ashtar
Atenea
Ishtar
Kuan Ti

Habilidades proféticas, aumentar
Apolo
Arcángel Jeremiel
Merlín
Serapis Bey
Tot

Habilidades psíquicas, aumentar
Apolo
Arcángel Haniel
Arcángel Raziel
Coventina
Kuan Ti
Merlín
Tot

Hogar
Dinero para los gastos del hogar
• Damara
• Lakshmi

Limpieza de espacios del jardín delantero y trasero
• Nemétona

Limpieza de espacios del interior de la vivienda
• Arcángel Miguel
• Arcángel Rafael
• Artemisa
• Kuan Ti
• Kuan Yin
• Lakshmi
• Saint-Germain
• San Juan de Dios
• Sanat Kumara
• Salomón
• Vesta

Humor
Maitreya

Huracanes, desviar y dispersar
Sedna

Imparcialidad
Forseti

Inversiones financieras
Abundantia

Inspiración
Vywamus

Integridad
Maat

Intuición, aumentar la
Artemisa
Sedna

248

Inventores
Aeracura

Jardinería
Cordelia
Krishna
Santa Teresa
Sulis

Juego
Aine

Justicia, conseguir
Atenea
Ida-Ten

Laberintos
Arcángel Raziel
Melchizedek
Nemétona
Salomón

Lesbianismo
Diana

Libertad para prisioneros falsamente acusados y prisioneros de guerra
Kuan Ti

Liderazgo
Melchizedek
Moisés

Longevidad
Tara Blanca

Luz divina
Vesta

Magia divina
Arcángel Ariel
Arcángel Raziel
Dana
Isis
Lugh
Maat
Merlín
Salomón
Tot

Manifestar
Aeracura
Arcángel Ariel
Arcángel Raziel
Babaji
Damara
Jesús
Melchizedek
Saint-Germain
Salomón

Manos, sanación
Sedna

Mantener un registro
Arcángel Metatrón

Mantenerse firme
Horus

Matemáticas
Melchizedek

Tot

Matrimonio
Afrodita
Ishtar

Mediación en disputas
Arcángel Raguel

Medio ambiente
Aine
Arcángel Ariel
Artemisa
Coventina
San Francisco

Meditación
Buda
Jesús
Yogananda

Memoria, mejorar
Arcángel Zadkiel
Kuthumi

Menopausia
Maeve

Merecer
Arcángel Miguel
Dana

Metas, establecimiento y logro de
Pele
Saint-Germain

Milagros
Jesús
Moisés

Motivación
Para tu propósito en la vida
• Arcángel Miguel
• Kuthumi
• Vywamus

Para comer sano
• Apolo
• Arcángel Miguel

Para hacer ejercicio
• Apolo
• Oonagh
• Serapis Bey

Mujeres
Proteger
• Aine
• Arcángel Miguel
• Artemisa

Mujeres, asuntos de
• Guinevere

Música y músicos
Aengus
Arcángel Gabriel
Arcángel Sandalfón
Hathor
Kuan Yin
Lugh
Serapis Bey

Nadar
Coventina
Sedna

Navegar
Sedna

Niños
Adopción
• Arcángel Gabriel
• Artemisa
• Virgen María

Trastorno de déficit de atención (TDA o THDA)
• Arcángel Metatrón

Parto sin dolor
• Diana

Concepción y fertilidad
• Aine
• Arcángel Gabriel
• Artemisa
• Dana
• Hator
• Ishtar
• Virgen María

Niños de cristal
• Arcángel Metatrón
• Virgen María

Custodia
• Damara

Decidir el sexo del bebé
• Arcángel Sandalfón

Orientación
• Damara

Sanación
• Arcángel Rafael
• Damara
• Jesús
• Virgen María
• Santa Teresa

Niños índigo
• Arcángel Metatrón
• Melchizedek
• Virgen María

En general
• Arcángel Metatrón
• Artemisa
• Kuan Yin
• Virgen María

Relación madre-hijo
• Horus
• Virgen María

Superar las pataletas
• San Francisco

Ser padres
• Dana
• Hator
• Ishtar
• Virgen María

251

Protección
- Arcángel Miguel
- Artemisa
- Kuan Yin
- Melchizedek
- Vesta

Personas que ayudan profesionalmente a los niños
- Arcángel Metatrón
- Virgen María

Mellizos o gemelos
- Diana

Objetos de valor, proteger
Abundantia

Objetos perdidos, encontrar
Arcángel Chamuel
Arcángel Zadkiel

Obstáculos, evitar y superar
Ganesh
Tara

Oficios y artesanos
Atenea
Lugh

Orden y organización
Arcángel Metatrón
Arcángel Raguel
Kuthumi
Maat

Orientación Divina
Jesús
Moisés
Oonagh

Pasión, aumentar la
Aengus
Aine
Afrodita
Isolda
Pele
Vesta

Paz
Mundial
- Arcángel Chamuel
- Babaji
- Buda
- Forseti
- Kuan Ti
- Maitreya
- San Francisco
- Serapis Bey
- Yogananda

En el hogar
- Ganesh

Personal
- Babaji
- Buda
- Forseti
- Kuthumi
- Lakshmi
- Maitreya
- San Francisco

- Serapis Bey
- Yogananda

Pensamiento claro y clarificación
Maat

Pensamientos bellos
Arcángel Jophiel

Pérdida de un ser querido, consuelo y sanación para
Arcángel Azrael

Perdón
Arcángel Zadkiel
Jesús
Padre Pío

Periodismo
Arcángel Gabriel

Perseverancia
Kuthumi
Saint-Germain

Pilotos
Santa Teresa

Pilotos y tripulación de líneas aéreas
Santa Teresa

Plegarias respondidas
Arcángel Sandalfón
Jesús

Kuan Yin

Poder, adquisición de
Arcángel Raguel
Pele

Poder y fuerza femeninos
Artemisa
Brígida
Isis
Kali
Maeve
Pele

Poesía
Lugh

Prioridades
Pele

Problemas mecánicos, arreglar
Apolo
Arcángel Miguel

Profecías sobre acontecimientos mundiales
Kuan Ti

Propósito en la vida
Arcángel Chamuel
Arcángel Miguel
Brígida
Kuthumi
San Francisco
Saint-Germain
Tot

Vywamus

Protección

Contra el engaño y la manipulación
• Maat

Contra los ataques psíquicos
• Atenea
• El Moyra
• Ishtar
• Melchizedek
• Saint-Germain

Contra las energías inferiores
• Arcángel Miguel
• Ishtar

Contra la persecución religiosa o espiritual
• Babaji
• Ida-Ten

En general
• Arcángel Miguel
• Artemisa
• Ashtar
• Atenea
• Brígida
• Kali
• Lugh
• Tara

Legal
• Forseti
• Ida-Ten

Para los animales
• Aine
• Arcángel Ariel
• Artemisa
• Maeve

Para los niños en particular
• Artemisa
• Kuan Yin
• Vesta

Para los océanos y los lagos de la contaminación
• Arcángel Ariel
• Sedna

Para los centros espirituales
• Ida-Ten

Para los viajeros y su equipaje
• Arcángel Rafael

Para los objetos de valor
• Abundantia

Para las mujeres en particular
• Aine
• Artemisa
• Brígida
• Kuan Yin

Purificación y limpieza
Coventina
Maat

Relaciones

Todos los aspectos
- Devi
- Ishtar
- Krishna
- Oonagh

Atraer
- Aengus
- Afrodita
- Guinevere
- Isolda

Rupturas, divorcios y separaciones, sanar de
- Isolda

Construir y fortalecer
- Arcángel Chamuel

Compromiso
- Afrodita

Sanar
- Aine

Comunicación sincera
- Pele

Aumentar el cariño
- Brígida
- Vesta

Lesbianas
- Diana

Matrimonio
- Ishtar

Madre-hijo
- Horus

Respiración
Babaji

Risas
Maitreya

Romance
Aengus
Afrodita
Guinevere
Isolda
Krishna

Ruedas medicinales
Nemétona

Rupturas, sanar después de
Isolda

Sabiduría
Ganesh
Salomón

Saltar en el tiempo
Merlín

Sanación
Habilidades para la
- Arcángel Haniel
- Arcángel Rafael

255

- Jesús
- Maeve
- Padre Pío

Adicciones
- Arcángel Rafael
- Babaji
- Devi
- Maat
- Serapis Bey

Animales
- Aine
- Arcángel Ariel
- Arcángel Rafael

Ceguera
- Jesús
- Padre Pío

Cardiovascular y del corazón
- San Juan de Dios

Vista
- Arcángel Rafael
- Jesús
- Padre Pío
- Sulis

De la aflicción
- Arcángel Azrael

De la ruptura de una relación, de un divorcio o una separación
- Isolda

Manos y dedos
- Sedna

Caballos
- Maeve

En general
- Arcángel Rafael
- Ishtar
- Jesús
- San Juan de Dios
- Padre Pío
- Santa Teresa
- Sanat Kumara
- Vywamus
- Yogananda

Menopausia
- Maeve

Emocional de las personas
- Arcángel Zadkiel
- Jesús
- Lugh
- San Juan de Dios
- Vywamus

Física de las personas
- Aine
- Arcángel Rafael
- Arcángel Zadkiel
- Jesús
- San Juan de Dios
- Santa Teresa

De las personas que están hospitalizadas por razones físicas o mentales
• San Juan de Dios

Síndrome pre-menstrual
• Maeve

Relaciones
• Aine

Con aromaterapia
• Maeve

Con Aura-Soma
• Melchizedek

Con cristales
• Merlín
• Melchizedek
• Saint-Germain

Con trabajo energético
• Merlín
• Melchizedek

Con agua
• Coventina
• Sulis

Sanadores, orientación y apoyo para
Arcángel Rafael
Jesús
Melchizedek

San Juan de Dios
Padre Pío

Sentido de la vida, aumentar
Devi
San Francisco

Seres queridos recientemente fallecidos (ayuda y consuelo para sus almas)
Arcángel Azrael

Serenidad
Arcángel Haniel

Sexualidad
Afrodita
Ishtar
Pele

Simplificar tu vida
Babaji

Síndrome Pre-menstrual
Maeve

Soluciones para las dificultades
Apolo
Arcángel Miguel
Arcángel Uriel
Jesús
Lugh

Suavidad
Ishtar
Kuan Yin

Sueños
Arcángel Jeremiel
Sedna

Talentos, descubrir
Arcángel Miguel
Vywamus

Tenacidad
Kali

Unidad de todas las fes religiosas
Babaji
Yogananda

Valentía
Arcángel Miguel
Ashtar
Brígida
Cordelia
Horus
Kali
Moisés
Saint-Germain
Tara Verde

Vegetarianismo
Krishna

Verdad
Forseti
Ida-Ten
Maat

Viajeros (protección, orden y armonía)
Arcángel Rafael
Ganesh

Vista
Arcángel Rafael
Horus
Jesús
Padre Pío
Sulis

Vitalidad
Arcángel Miguel

Yoga, práctica del
Babaji
Yogananda

APÉNDICE

Glosario

Arcángel: Poderoso supervisor de otros ángeles y director de funciones especializadas, como eliminar el miedo, proteger a los seres humanos o sanar. Los grupos espirituales y diferentes religiones hablan de un número de arcángeles distinto. Algunos afirman que hay sólo cuatro, otros dicen que son siete y ciertos grupos sostienen que su número es infinito.

Maestro ascendido: Un gran maestro o maestra espiritual que vivió en la Tierra como humano y que continúa ayudando... desde su hogar celestial.

Ascensión: El proceso de recordar completamente la propia unidad con Dios y el único Espíritu que une a todas las personas en hermandad. Quienes ascienden pueden evitar pasar por el proceso de muerte y su cuerpo puede elevarse hasta el Cielo junto con su alma. *Ascensión* es también un término que se utiliza para hablar del despertar espiritual y la iluminación.

Avatar: Un ser humano vivo que está completamente iluminado. Normalmente, los avatares hacen milagros y son maestros espirituales.

Bodhisattva: En el budismo, este término hace referencia a una persona que se ha iluminado hasta el punto de cumplir los requisitos para ser un Buda.

Cábala: Antiguo texto místico judaico que habla de los secretos de la adivinación y la manifestación con símbolos, números y sabiduría. (También se escribe *Kaballah* o *Kabalah*).

Chohan: Término utilizado por los teosofistas y en los círculos de la Nueva Era para describir la especialidad de un maestro ascendido. Por ejemplo, alguien podría ser un Chohan del amor y la iluminación.

Deidad: Un ser que es reverenciado por la contribución espiritual que realizó mientras estaba en la Tierra y por la ayuda que continúa ofreciendo desde una posición ventajosa en el Cielo.

Divinidad: Un ser que trabaja directamente con el Creador o Fuerza Universal para ayudar a la Tierra y a sus habitantes. Los términos *deidad* y *divinidad* pueden usarse indistintamente.

Dios: Cuando el término aparece con una «d» minúscula (dios), representa un aspecto del Creador (Dios), que se escribe con «D» mayúscula. Este ser tiene una energía, o identidad, masculina.

Diosa: Un aspecto de Dios, el Creador, que tiene una energía, o identidad, femenina.

Gran Hermandad Blanca: Líderes que velan desde el Cielo por la seguridad y la dirección espiritual de la Tierra y sus habitantes, y también los trabajadores de luz que ayudan en este planeta. El término no se refiere a los caucásicos. Proviene de la luz blanca que rodea a los miembros del consejo, entre los cuales hay diosas.

Trabajadores de luz: Un ser humano vivo que se siente llamado a ayudar a la Tierra y a sus habitantes utilizando energía espiritual. Por ejemplo, un trabajador de luz podría sentirse llamado a sanar, a enseñar o a ser un artista para ayudar a que el planeta sea un lugar mejor.

Cambio de forma: La capacidad de adquirir una apariencia física marcadamente distinta. En algunas ocasiones esto se hace a voluntad y en otras inconscientemente.

Limpieza de espacios: Eliminar la energía negativa de un lugar específico, como una vivienda, una oficina, una habitación, un templo, un patio o un jardín.

Liberación del espíritu: Eliminar la energía negativa en el cuerpo o el aura de una persona o un animal.

Triple diosa: Los tres aspectos de la feminidad: la virgen, la madre y la vieja bruja. Las triples diosas tienen aspectos de personalidad (o de comportamiento) de la virgen, la cual representa la pureza, la dulzura y la inocencia. Una misma diosa podría tener también un aspecto de madre, lo cual significa que actúa de una forma maternal y cariñosa. Un tercer aspecto que podría aparecer es el de «vieja bruja», lo cual significa que puede tener un lado oscuro e iracundo, así como un aspecto sabio, de maestra.

Lista alfabética de divinidades

Aah (véase *Tot*) 210
Aah Tehuti (véase *Tot*), 210
Abruel (véase *Arcángel Gabriel*), 49
Absus (véase *Ishtar*), 120
Abundantia, 29
Abundia, 29
Aengus, 31
Aeracura, 34
Aine, 36
Ai-willi-ay-o (véase *Sedna*), 197
Akrasiel (véase *Arcángel Raguel*), 64
Ambika (véase *Devi*), 99
Anael (véase *Arcángel Haniel*), 51
Ángel de la Muerte, el
   (véase *Arcángel Azrael*), 45
Angus (véase *Aengus*), 31
Angus McOg (véase *Aengus*), 31
Aniel (véase *Arcángel Haniel*), 51
Afrodita 39
Afrodita Pandemos
   (véase *Afrodita*), 39
Afrodita Urania (véase *Afrodita*), 39
Apis (véase *Serapis Bey*), 199
Apolo, 41
Arael (véase *Arcángel Ariel*), 43
Arcángel Ariel, 43
Arcángel Azrael, 45
Arcángel Chamuel 47
Arcángel Gabriel, 49

Arcángel Haniel, 51
Arcángel Jeremiel, 53
Arcángel Jophiel, 55
Arcángel Metatrón, 57
Arcángel Miguel, 61
Arcángel Raguel, 64
Arcángel Rafael, 66
Arcángel Raziel, 69
Arcángel Sandalfón, 71
Arcángel Uriel, 73
Arcángel Zadkiel, 75
Ariael (véase *Arcángel Ariel*), 43
Ariel (véase *Arcángel Ariel*), 43
Artemisa, 77
Artemis Calliste, (véase *Artemisa*), 77
Asar-Apis, (véase *Serapis Bey*), 199
Ashriel (véase *Arcángel Azrael*), 45
Ashtar, 79
Atenea, 81
Athene (véase *Atenea*), 81
Athor (véase *Hator*), 114
Azrael (véase *Arcángel Azrael*), 45
Azril (véase *Arcángel Azrael*), 45
Babaji, 83
Beshter (véase *Arcángel Miguel*), 61
Brid (véase *Brígida*), 85
Bride (véase *Brígida*), 85
Brigantia (véase *Brígida*), 85
Brighid (véase *Brígida*), 85

Brigid (véase *Brígida*), 85
Brígida, 85
Buda, 88
Buda Gautama (véase *Buda*), 88
Buda del Futuro (véase *Maitreya*), 156
Buda Feliz (véase *Maitreya*), 156
Buda Futuro (véase *Maitreya*), 156
Buda Maitreya (véase *Maitreya*), 156
Buda Riente (véase *Maitreya*), 156
Camael (véase *Arcángel Chamuel*), 47
Camiel (véase *Arcángel Chamuel*), 47
Camiul (véase *Arcángel Chamuel*), 47
Camniel
    (véase *Arcángel Chamuel*), 47
Cancel (véase *Arcángel Chamuel*), 47
Chamuel
    (véase *Arcángel Cha-muel*), 47
Christ (véase *Jesús*), 127
Comandante Ashtar
    (véase *Ashtar*), 79
Comte de Saint-Germain
    (véase *Saint-Germain*), 183
Conde de Saint-Germain
    (véase *Saint-Germain*), 183
Cordelia, 90
Coventina, 92
Creiddylad (véase *Cordelia*), 90
Creudylad (véase *Cordelia*), 90
Cypris (véase *Afrodita*), 39
Cytherea (véase *Afrodita*), 39
Damara, 94
Dama de la Magia (véase *Isis*), 122
Dama de la Sexualidad Sagrada
    (véase *Isis*), 122
Dana, 96
Dañan, (véase *Dana*), 96
Danu, (véase *Dana*), 96
Delia, (véase *Artemisa*), 77

Devee (véase *Devi*), 99
Diana, 102
Diana de Éfeso (véase *Diana*), 102
Diosa de la Naturaleza
    (véase *Isis*), 122
Diosa de los Misterios
    (véase *Isis*), 122
Divino, El (Véase *Krishna*), 132
Djehuti (véase *Tot*), 210
El Moyra, 104
Emrys (véase *Merlín*), 167
Esylit (véase *Isolda*), 125
Forsete (véase *Forseti*), 107
Forseti, 107
Francesco Forgione
    (véase *Padre Pío*), 190
Francisco Bernardone
    (véase *San Francisco*), 180
Fulla (véase *Abundantia*), 29
Gabriel (véase *Arcángel Gabriel*), 49
Ganesh, 109
Ganesha (véase *Ganesh*), 109
Ghagavati (véase *Devi*), 99
Guanyin (véase *Kuan Yin*), 136
Guinevre, 112
Gwenhwyfar (véase *Guinevere*), 112
Habone (véase *Abundantia*), 29
Hamiel (véase *Arcángel Haniel*), 51
Haniel (véase *Arcángel Haniel*), 51
Har (véase *Horus*), 116
Harendotes (véase *Horus*), 116
Haripriya (véase *Lakshmi*), 142
Harmakhet (véase *Horus*), 116
Haroeris (véase *Horus*), 116
Har-pa-Neb-Taui (véase *Horus*), 116
Harpokrates (véase *Horus*), 116
Harseisis (véase *Horus*), 116
Hat-hor (véase *Hator*), 114

Hator, 114
Hat-Mehit (véase *Hator*), 114
Hawthor (véase *Hator*), 114
Hestia (véase *Vesta*), 213
Hombre Milagroso de Europa, el
   (véase *Saint-Germain*), 83
Hor (véase *Horus*), 116
Horos (véase *Horus*), 116
Horus, 116
Hotei (véase *Maitreya*), 156
Ida (véase *Devi*), 99
Idaten (véase *Ida-Ten*), 118
Ida-Ten, 118
Inanna (véase *Ishtar*), 120
Iophiel (véase *Arcángel Jophiel*), 55
Iseult (véase *Isolda*), 125
Ishtar, 120
Isis, 122
Isis Myrionymos (véase *Isis*), 122
Isolda, 125
Isolde (véase *Isolda*), 125
Jaganmatri (véase *Lakshmi*), 142
Jahoel (véase *Arcángel Chamuel*), 47
Jeremiel (véase *Arcángel Jeremiel*), 53
Jeshua (véase *Jesús*), 127
Jesús, 127
Jibril (véase *Arcángel Gabriel*), 49
Jiburili (véase *Arcángel Gabriel*), 49
Joao Cidade
   (véase *San Juan de Dios*), 187
Jofiel (véase *Arcángel Jophiel*), 55
Juan Ciudad
   (véase *San Juan de Dios*), 187
Kali, 130
Kali-Ma (véase *Kali*), 130
Kanin (véase *Kuan Yin*), 136
Kannon (véase *Kuan Yin*), 136
Karttikeya (véase *Sanat Kumara*), 195

Ka-'ula-o-de-ahí (véase *Pele*), 178
Kemuel (véase *Arcángel Chamuel*), 47
K.H. (véase *Kuthumi*), 140
Khamael
   (véase *Arcángel Chamuel*), 47
Koot Hoomi (véase *Kuthumi*), 140
Krishna, 132
Kuan Jung (véase *Kuan Ti*), 134
Kuan Ti, 134
Kuan Yin, 136
Kuan Yu, (véase *Kuan Ti*), 134
Kuthumi, 140
Kwannon (véase *Kuan Yin*), 136
Kwan Yin (véase *Kuan Yin*), 136
Labbiel (véase *Arcángel Rafael*), 66
La de la Arboleda Sagrada
   (véase *Nemétona*), 173
Lakshmi, 142
Laxmi (véase *Lakshmi*), 142
Lleu (véase *Lugh*), 145
Lug (véase *Lugh*), 145
Lugh, 145
Lugus (véase *Lugh*), 145
Lu-Hsing, 148
Luna (véase *Artemisa*), 77
Maat, 150
Ma'at (véase *Maat*), 150
Mab (véase *Maeve*), 153
Madb (véase *Maeve*), 153
Madre Artemisa (véase *Artemisa*), 77
Madre de Luz (véase *Hator*), 114
Madre Divina (véase *Isis*), 122
Madre Negra (véase *Kali*), 130
Maet (véase *Maat*), 150
Maeve, 153
Mahatma Kuthumi mal Singh
   (véase *Kuthumi*), 140
Mahavatar Babaji (véase *Babaji*), 83

Maht (véase *Maat*), 150
Maitreya 156
María de los gaélicos
(véase *Brígida*), 85
María, la Amada Madre, 159
Mat (véase *Maat*), 150
Matrirupa (véase *Lakshmi*), 142
Maut (véase *Maat*), 150
Mehbh (véase *Maeve*), 153
Melchizedek, 164
Merddin (véase *Merlín*), 167
Merlyn (véase *Merlín*), 167
Merraton
(véase *Arcángel Metatrón*), 57
Metaraon
(véase *Arcángel Metatrón*), 57
Metatrón
(véase *Arcángel Metatrón*), 57
Miguel (véase *Arcángel Miguel*), 61
Mika'il (véase *Arcángel Miguel*), 61
Miroku-Bosatsu
(véase *Maitreya*), 156
Mittron (véase *Arcángel Metatrón*), 57
Moisés, 170
Myrddin (véase *Merlín*), 167
Nemétona, 173
Nerivik (véase *Sedna*), 31
Nuestra Señora de Guadalupe (véase
María, la Amada Madre), 159
Oenghus (véase *Aengus*), 175
Ojo de Ra (véase *Hator*), 114
Onaugh (véase *Oonagh*), 175
Oonagh, 175
Osiris-Apis (véase *Serapis Bey*), 199
Padre de los Pobres
(véase *San Juan de Dios*), 187
Padre Pío, 190
Pallas Atenea (véase *Atenea*), 81

Paramahansa Yogananda
(véase *Yogananda*), 219
Patrona de las mujeres
(véase *Isis*), 122
Pele, 178
Pequeña Flor, la
(véase *Santa Teresa*), 192
Pequeña Flor de Jesús, la
(véase *Santa Teresa*), 192
Phoebe (véase *Artemisa*), 77
Pinyin Lu Xing (véase *Lu-Hsing*), 148
Poverello (véase *San Francisco*), 180
Prisca (véase *Vesta*), 213
Quan'Am (véase *Kuan Yin*), 136
Quan Yin (véase *Kuan Yin*), 136
Raguel (véase *Arcángel Raguel*), 64
Raguil (véase *Arcángel Raguel*), 64
Ra-Harakhte (véase *Horus*), 116
Raksha-Kali (véase *Kali*), 130
Ramiel (véase *Arcángel Jeremiel*), 53
Rafael (véase *Arcángel Rafael*), 66
Rasuil (véase *Arcángel Raguel*), 64
Raziel (véase *Arcángel Raziel*), 69
Reina de Connacht
(véase *Maeve*), 153
Reina de los Ángeles (véase *María, la
Amada Madre*), 159
Reina de la Tierra (véase *Hator*), 114
Remiel (véase *Arcángel Jeremiel*), 53
Rey Salomón (véase *Salomón*), 202
Rojez del fuego (véase *Pele*), 178
Rufael (véase *Arcángel Raguel*), 64
Sabbathiel (véase *Arcángel Miguel*), 61
Saint-Germain, 183
Saint Germain
(véase *Saint-Germain*), 183
Saint Germaine
(véase *Saint-Germain*), 183

Salomón, 202
Sananda (véase *Jesús*), 127
Sanat Kumara, 195
San Francisco, 180
San Francisco de Asís
  (véase *San Francisco*), 180
San Juan de Dios, 187
San Miguel
  (véase *Arcángel Miguel*), 61
Santa Brígida (véase *Brígida*), 85
Santa Teresa, 192
Sandalfón
  (véase *Arcángel Sandalfón*), 71
Sandolphon
  (véase *Arcángel Sandalfón*), 71
Saraqael (véase *Arcángel Raziel*), 69
Satqiel (véase *Arcángel Zadkiel*), 75
Sedna, 197
Señora de la Sabiduría Hermética
  (véase *Isis*), 122
Señor Buda (véase *Buda*), 88
Señor Jesús (véase *Jesús*), 127
Señor Maitreya (véase *Maitreya*), 156
Señor y Salvador (véase *Jesús*), 127
Serafili (véase *Arcángel Gabriel*), 49
Seraphiel
  (véase *Arcángel Chamuel*), 47
Serapis (véase *Serapis Bey*), 199
Serapis Bey, 199
Shakti, 99
Shemuel
  (véase *Arcángel Chamuel*), 47
Shri Babaji (véase *Babaji*), 83
Siddharta Buda (véase *Buda*), 88
Sirdar Thakar Singh Sadhanwalia
  (véase *Kuthumi*), 140

Skanda-Karttikeya
  (véase *Sanat Kumara*), 195
Sul (véase *Sulis*), 205
Sulivia (véase *Sulis*), 205
Sulla (véase *Sulis*), 205
Sumara (véase *Sanat Kumara*), 195
Suriel (véase *Arcángel Raziel*), 69
Suryan (véase *Arcángel Raguel*), 64
Tanetu (véase *Hator*), 114
Tara, 207
Tara Blanca (véase *Tara*), 207
Tara Verde (véase *Tara*), 207
Tehuti (véase *Tot*), 210
Teresa del Niño Jesús, 192
Therese de Lisieux
  (véase *Santa Teresa*), 192
Thout (véase *Tot*), 210
Uriel (véase *Arcángel Uriel*), 73
Vaca Celestial, la (véase *Hator*), 114
Venus (véase *Afrodita*), 39
Vesta, 213
Virgen María (véase *María, la Amada Madre*), 159
Vriddhi (véase *Lakshmi*), 142
Vywamus, 215
Wundermann, der
  (véase *Saint-Germain*), 183
Yogananda, 219
Ysolt (véase *Isolda*), 125
Ysonde (véase *Isolda*), 125
Zadakiel (véase *Arcángel Zadkiel*), 75
Zadkiel (véase *Arcángel Zadkiel*), 75
Zehuti (véase *Tot*), 210
Zidekiel (véase *Arcángel Zadkiel*), 75
Zophiel (véase *Arcángel Jophiel*), 55

Bibliografía

ANN, Martha e Imel, DOROTHY MYERS, *Goddesses in World Mythology: A Biographical Dictionary* (Oxford University Press, 1993, Santa Barbara, CA)

BETZ, Hans Dieter (ed.), *The Greek Magical Papyri in Translation* (The University of Chicago Press, 1986, Chicago)

La Biblia, Versión de New King James

BOUCHER, Sandy, *Discovering Kwan Yin: Buddhist Goddess of Compasión* (Beacon Press, 1999, Boston)

BROOKE, Elisabeth, *Medicine Women: A Pictorial History of Women Healers* (Quest Books, 1997, Wheaton, IL)

BUNSON, Matthew, *Angels A to Z: A Who's Who of Heavenly Host* (Three Rivers Press, Nueva York, 1996)

CANNON, Dolores, *Jesús y los Esenios* (editorial Luciérnaga, 1996, Barcelona)

—. *Ellas caminaron con Jesús* (editorial Luciérnaga, 1997, Barcelona)

CHARLESWORTH, James H. (ed.), *The Old Testament Pseudepigrapha: Apocalyptic Literature & Testaments* (Doubleday, 1983, Nueva York)

COULTER, Charles Russell y TURNER, Patricia, *Encyclopedia of Ancient Deities* (McFarland & Company, Inc., 1997, Jefferson, California)

A Course in Miracles (Foundation for Inner Peace, 1992, Mill Valley, CA)

CRAUGHWELL, Thomas J., *Saints for Every Occasion: 101 of Heaven's Most Powerful Patrons* (Stampley Enterprises, Inc., 2001, Charlotte, NC)

DAVIDSON, Gustav, *A Dictionary of Angels: Including the Fallen Angels* (The Free Press, 1967, Nueva York)

DOREAL (traductor e intérprete), *The Emerald Tables of Thot-the-Atlantean* (Source Books, Inc., 1996, Nashville, TN)

EPSTEIN, Perle S., *Oriental Mystics and Magicians* (Doubleday, 1975, Nueva York)

ESHELMAN, James, *The Mystical & Magical System of the A. A. The Spiritual System of Aleister Crowley & George Cecil Jones Step-by-Step* (The College of Thelema, 2000, Los Ángeles)

FORREST, M. I., *Isis Magic: Cultivating a Relationship with the Goddess of 10,000 Names* (Llewellyn Publications, 2001, St. Paul, MN)

HALL, Manly P., *The Secret Teaching of All Ages: An Encyclopedic Outline of Masonic, Hermetic, Qabbalistic, and Rosicrucian Symbolical Philosophy* (The Philosophical Research Society)

JAMES, Simon, *The World of the Celts* (Thames and Hudson, 1993, Londres)

JONES, Kathleen, *Women Saints: Lives of Faith and Courage* (Burns & Oates, 1999, Kent, Inglaterra)

JOHNSON, K. Paul, *The Masters Revealed: Madame Blavatsky and the Myth of the Great White Lodge* (State University of New York Press, 1994, Albany)

JOTHI, Rev. Dharma, entrevista telefónica, 16 de octubre, 2002

KYOKAI, B. D., *The Teaching of Buddha* (Society for the Promotion of Buddhism, 1966, Tokio)

LA PLANTE, Alice y Clare, *Heaven Help Us: The Worrier's Guide to the Patron Saints* (Dell Publishing, 1999, Nueva York)

LAURENCE, Richard (traductor), *The Book of Enoch the Prophet* (Adventures Unlimited Press, 2000, Kempton, IL)

LEWIS, James R., y Oliver, Evelyn Dorothy, *Angels A to Z* (Visible Ink Press, 1996, Detroit)

LOPEZ, Jr., Donald (ed.), *Religions of China in Practice* (Princeton University Press, 1996, Princeton, NJ)

MAKARIOS, Monje de Simonos Petra, *The Synaxarion: The Lives of Saints of the Orthodox Church*, Vol. 1 (Chalkidike, 1998)

MARKALE, Jean, *Merlin: Priest of Nature* (Inner Traditions, 1995, Rochester, VT)

MATHERS, S. L. MACGREGOR, S. L., *The Key to Solomon the King*, reedición traducida (Samuel Weiser, 1986, York Beach, ME)

MATTHEWS, Caitlin, *The Celtic Book of Days: A Celebration of Celtic Wisdom* (Gill & Macmillan, Ltd., 1995, Dublín, Irlanda)

McCOY, Edain, *Celtic Myth & Magick: Harnessing the Power of the Gods and Goddesses* (Llewellyn Publications, 2002, St. Paul, MN)

MONAGHAN, Patricia, *The New Book of Goddesses and Heroines* (Llewellyn Publications, 2000, St. Paul, MN)

MORGAN, James C., *Jesus and Mastership: The Gospel According to Jesus of Nazareth as Dictated Through James Coyle Morgan* (Oakbridge University Press, 1989, Tacoma, WA)

RONNER, John, *Know Your Angels* (Mamre Press, 1993, Morfreesboro, TN)

RUNYON, C. P., *The Book of Solomon's Magick* (Church of the Hermetic Sciences, Inc., 2001, Silverado, CA)

«Saint-Germain, comte de», Encyclopaedia Britannica.

SAKYA, Jnan B., *Short Descriptions of Gods, Goddesses and Ritual Objects of Buddhism and Hinduism in Nepal* (Handicraft Association of Nepal, 1998, Kathmandu, Nepal)

SAVEDOW, Steve (editor y traductor), *Sepher Razial Herelach: The Book of the Angel Raziel* (Samuel Weiser, Inc., 2000, York Beach, ME)

STARCK, Marcia, *Women's Medicine Ways: Cross-Cultural Rites of Passage* (The Crossing Press, 1993, Freedom, CA, 1993)

STEWART, R. J., *Celtic Gods, Celtic Goddesses* (Cassell & Co., 2000, Londres)

TELESCO, Patricia, *365 Goddess: A Daily Guide to the Magic and Inspiration of the Goddess* (HarperSanFrancisco, 1998, Nueva York)

TROBE, Kala, *Invoke the Goddess: Visualizations of Hindu, Greek & Egyptian Deities* (Llewellyn Publications, 2000, St. Paul, MN)

VESSANTARA, *Meeting the Buddhas: A Guide to Buddhas, Bodhisattvas, and Tantric Deities* (Birmingham, Inglaterra, 1998)

YU, Chun-fang, *Kuan-yin: The Chinese Transformation of Avalokitesvara* (Columbia University Press, 2000, Nueva York)

Acerca de la autora

DOREEN VIRTUE, doctora en filosofía y en psicología, es clarividente y pertenece a la cuarta generación de una familia de metafísicos. En sus escritos y en sus talleres trabaja con los reinos de los ángeles, los elementales y los maestros ascendidos. Doreen ha dado conferencias por el mundo entero sobre temas relacionados con sus libros y ha aparecido en varios programas de la televisión estadounidense, incluyendo *Oprah, CNN, Good Morning America, The View, Beyond with James Van Praagh* y muchos más. Es autora de los bestsellers *Healing with the Angels* y *Lo que nos dicen los ángeles: encuentra una respuesta espiritual a los problemas cotidianos* (Ediciones Urano, Barcelona 2002). Su página web es:
www.AngelTherapy.com

Índice

Agradecimientos 9
Introducción: de la Antigüedad a la Nueva Era 11

PRIMERA PARTE
Los Arcángeles y los maestros ascendidos

Abundantia	29	Artemisa	77
Aengus	31	Ashtar	79
Aeracura	34	Atenea	81
Aine	36	Babaji	83
Afrodita	39	Brígida	85
Apolo	41	Buda	88
Arcángel Ariel	43	Cordelia	90
Arcángel Azrael	45	Coventina	92
Arcángel Chamuel	47	Damara	94
Arcángel Gabriel	49	Dana	96
Arcángel Haniel	51	Devi	99
Arcángel Jeremiel	53	Diana	102
Arcángel Jophiel	55	El Morya	104
Arcángel Metatrón	57	Forseti	107
Arcángel Miguel	61	Ganesh	109
Arcángel Raguel	64	Guinevere	112
Arcángel Rafael	66	Hator	114
Arcángel Raziel	69	Horus	116
Arcángel Sandalfón	71	Ida-Ten	118
Arcángel Uriel	73	Ishtar	120
Arcángel Zadkiel	73	Isis	122

277

Isolda	125	Oonagh	175
Jesús	127	Pele	178
Kali	130	San Francisco	180
Krishna	132	Saint-Germain	183
Kuan Ti	134	San Juan de Dios	187
Kuan Yin	136	Padre Pío	190
Kuthumi	140	Santa Teresa	192
Lakshmi	142	Sanat Kumara	195
Lugh	145	Sedna	197
Lu-Hsing	148	Serapis Bey	199
Maat	150	Salomón	202
Maeve	153	Sulis	205
Maitreya	156	Tara	207
María, la Amada Madre	159	Tot	210
Melchizedek	164	Vesta	213
Merlín	167	Vywamus	215
Moisés	170	Yogananda	219
Nemétona	173		

SEGUNDA PARTE
Invocaciones para necesidades y problemas específicos

Oraciones para conectar con múltiples divinidades
para necesidades específicas 225

Abundancia	226	Paz mundial	231
Adicciones	227	Sanar a un niño	232
Clarividencia	227	Sanar a un animal	
Una comunicación clara		doméstico	233
con Dios	228	Sanación para uno mismo	234
Conectar con las hadas	228	Protección y orientación	
Valentía	229	para los hijos	234
Encontrar tu propósito		Resolver conflictos	235
en la vida	230	Adelgazar	236
Encontrar a tu alma gemela	231		

TERCERA PARTE
A quién invocar para necesidades específicas

Invocar a los Arcángeles y a los Maestros Ascendidos 239

APÉNDICE

Glosario 261
Lista alfabética de divinidades 265
Bibliografía 271
Acerca de la autora 275

LOS 72 ÁNGELES, LA LUZ DEL UNIVERSO

Tamara Singer presenta de modo ameno las respuestas que siempre nos hemos planteado acerca de los ángeles: quiénes son, cuántos hay, cuáles son sus nombres, qué dones otorga cada uno de ellos…

En la primera parte el lector hallará cuanto sabemos acerca de estos seres maravillosos. No obstante conocerlos es sólo el principio del camino ya que lo esencial es que cada uno conozca y trate con familiaridad a su ángel celestial y lograr que sea nuestro fiel guía y confidente.

LA MAGIA DE LOS ÁNGELES

Los ángeles son seres de luz con un mensaje para transmitir a los hombres. Nosotros, los hombres, debemos estar atentos para saber escucharlos y sentirlos a lo largo de nuestra vida.

Los ángeles son los guardianes celestiales que nos invitan a cada momento a enamorarnos de la vida, son nuestros amigos invisibles que debemos conocer y amar. Cada día de la semana tiene su ángel al que debemos tratar como un amigo cercano, pedirle cuanto necesitamos y agradecerle cuanto de bueno nos sucede.

LOS ÁNGELES
Los doce pasos para unirte con tu Ángel Dorado

La autora del ya famoso best seller *Cómo invocar tu ángel celestial*, nos ofrece el fascinante relato de cómo los ángeles entraron en su vida y las directrices para que también el lector logre que entren en la suya.

La ciencia actual admite que únicamente utilizamos un diez por ciento de nuestro cerebro. Sin embargo, cuando nos fundimos con nuestro Ángel Solar Dorado, se nos proporciona la llave que nos da un acceso ilimitado.

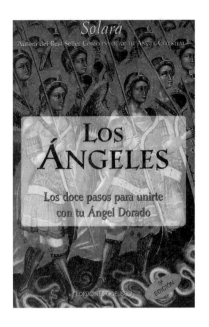

CÓMO INVOCAR TU ÁNGEL CELESTIAL
Para aprender a contactar y dar cuerpo a los guardianes celestiales

Todos nosotros tenemos ángeles que nos guían, que nos protegen. Son seres de luz que esperan que los acojamos en la simplicidad del corazón. Son Ángeles Dorados.

Cómo invocar tu ángel celestial te invita a elevarte en el Conocimiento y a dar la bienvenida a tu angélica presencia. Si contactas con tu Ángel Dorado, tu vida cambiará milagrosamente.

ENCUENTROS CON LOS ÁNGELES

Muchas personas afirman que los ángeles han intervenido en su vida y muchas han adquirido la valentía necesaria para hablar de sus encuentros con los ángeles y explicar cómo cambiaron el curso de sus vidas.

En este libro extraordinario, que ha batido récords de ventas en los EE. UU. el lector hallará relatos sinceros de personas que vivieron un encuentro con un ángel. Son historias auténticas que nos desvelan continuamente que la gran misión de los ángeles es ayudarnos a crecer espiritualmente.

ÁNGELES QUE CURAN

Trabajando con tus ángeles para sanar tu vida

La autora Eileen Elias Freeman, una de las máximas autoridades mundiales sobre los ángeles es autora del best seller *Encuentros con los ángeles*.

En este nuevo libro, la autora nos explica cómo fue visitada por el arcángel Rafael que abrió su mente y su espíritu a la sanación. Freeman nos desvela los principios de la sanación y nos explica varios casos reales de sanación a través de la intervención angélica.